기독교문서선교회 (Christian Literature Center: 약칭 CLC)는 1941년 영국 콜체스터에서 켄 아담스에 의해 시작되었으며 국제 본부는 미국 필라델피아에 있습니다. 국제 CLC는 59개 나라에서 180개 본부를 두고, 약 650여 명의 선교사들이 이동도서차량 40대를 이용하여 문서 보급에 힘쓰고 있으며 이메일 주문을 통해 130여 국으로 책을 공급하고 있습니다. 한국 CLC는 청교도적 복음주의 신학과 신앙서적을 출판하는 문서선교기관으로서, 한 영혼이라도 구원되길 소망하면서 주님이 오시는 그날까지 최선을 다할 것입니다.

추천사

김성태 박사
총신대학교 개혁신학연구센터 원장, 선교학 교수

이 책의 저자 이동현 목사님은 신학교를 졸업하자 바로 청계천 지역에서 교회를 개척하고, 100여 명의 성도가 모이는 교회로 성장시킨 능력 있는 목회자입니다. 청계천 지역이 서울 구도시 재개발지역이 되어서 교회를 옮길 수밖에 없는 상황이었고 도봉구 지역에서 교회를 새롭게 재개척하였습니다.

두 번이나 모두 교회를 어려운 지역에서 개척하고, 거의 15-6년 동안 목회자의 삶을 지키면서 교회를 자급하며 선교하는 교회로 성장시켰습니다. 아직은 작은 교회이지만 교회당 건물을 짓고, 교인이 100여 명 모인다는 것은 하나님의 은혜요, 능력입니다. 이동현 목사님은 목회자로서 치열한 삶을 부지런히 살면서 또한 선교에 뚜렷한 비전을 가지고, 선교적 목회를 하기 위해서 총신대학교 일반대학원에서 도시선교학을 전공해서 철학박사 학위까지 받았습니다. 실로 신앙과 영성과 학문성을 아우른 보기 드문 목회자입니다. 저에게는 자랑스러운 제자입니다.

이 책의 제목은 『평범에서 비범으로』입니다. 설교의 내용이 믿음의 본질에서 시작하여 기독교의 정수로서 신관, 구원관, 성도의 삶의 여러 문제까지 교인들의 눈높이에 맞추어서 강해 설교 형태로 적절한 예화와 함께 전달하고 있습니다. 설교의 모든 내용이 삶의 현장에서 교인들이 항상 부딪치는 문제들을 다루고 있고, 설교를 듣다 보면 신앙적 성장뿐만 아니라 신학적 성장도 함께 이루어질 수 있도록 학문적 깊이가 모든 설교마다 은연중에 배어 있습니다.

이 책은 어렵게 목회하는 모든 개척교회 목사님들에게도 큰 힘이 되는 작은 교회 목사님의 설교집입니다. 설교집의 제목처럼 독자들은 평범에서 비범함을 발견하게 될 것입니다. 한국교회의 평균적인 규모가 70-100여 명인데 이 모든 교회를 대표할 만한 비범한 목회자의 설교집을 추천하게 되어 자랑스럽게 생각합니다.

평범에서 비범으로

From Ordinary to Extraordinary

Written by Dong Hyun Lee

All rights reserved.

Korean Edition Copyright ⓒ 2019 by Christian Literature Center, Seoul, Korea

평범에서 비범으로

2019년 3월 1일 초판 발행

지은이	이동현
편집	곽진수, 황마리아
디자인	신봉규
펴낸곳	(사)기독교문서선교회
등록	제16-25호(1980.1.18)
주소	서울특별시 서초구 방배로 68
전화	02-586-8761~3(본사) 031-942-8761(영업부)
팩스	02-523-0131(본사) 031-942-8763(영업부)
이메일	clckor@gmail.com
홈페이지	www.clcbook.com
송금계좌	기업은행 073-000308-04-020 (사)기독교문서선교회

ISBN 978-89-341-1939-5 (03230)

이 도서의 국립중앙도서관 출판예정도서목록(CIP)은 서지정보유통지원시스템 홈페이지(http://seoji.nl.go.kr)와 국가자료공동목록시스템(http://www.nl.go.kr/kolisnet)에서 이용하실 수 있습니다. (CIP제어번호: CIP2019003530)

이 책의 저작권은 저자와 (사)기독교문서선교회가 소유합니다. 신저작권법에 의하여 한국 내에서 보호받는 저작물이므로 무단 전재와 무단 복제를 금합니다.

평범에서 비범으로

이동현 지음

CLC

저자 서문

이동현 목사
포도나무교회 담임

만일 너희에게 믿음이 겨자씨 한 알 만큼만 있어도 이 산을 명하여 여기서 저기로 옮겨지라 하면 옮겨질 것이요 또 너희가 못할 것이 없으리라(마 17:20).

이 시대에 우리에게 필요한 것은 믿음입니다. 믿음만 있다면 못할 것이 없다는 주님의 말씀을 기억하며 살아야 합니다. 사랑하는 포도나무 가족들에게 어떤 말씀을 전하면 좋을까 생각하던 중 믿음의 중요성을 강조해야겠다는 생각에 "믿음 시리즈"로 3개월 정도 말씀을 전하였습니다. 그리고 이것을 책으로 엮어서 성도님들이 읽게 하자는 생각을 하게 되었고, 마침 사랑하는 성도님들이 전도용으로 사용하겠다고 말씀해 주셔서 책으로 내게 되었습니다.

총신대학교 신학대학원 재학시절 설교학을 가르쳐주신 교수님의 말씀을 항상 기억하며 설교하려고 노력합니다. 설교는 어려워서는 안 됩니다. 중학교 2학년 정도의 학생이 충분히 알아들을 수 있는 수준에서 설교해야 합니다.이 귀한 보배와 같은 말씀이 당시 신학도였던 내게 깊이 박혀 버렸습니다. 그리고 지금은 필자가 학교에서 강의하면서 가끔 이 말을 그대로 인용하곤 합니다. 교수님의 가르침을 바탕으로 설교할 때 나름대로 원칙을 세운 것이 있습니다.

"준비는 어렵게 하고 전달은 쉽게 하자. 모든 원고를 통째로 외우고 강단에 오르자. 그리고 성도님들과 눈을 마주치며 설교하자."

그래서 이 책은 누구나 무리 없이 읽을 수 있을 정도로 쉽게 편성되어 있습니다.

이 책의 내용을 한마디로 정리하면 "믿음만 있으면 된다"는 것입니다. 하나님께 대한 철저한 믿음과 신뢰만 있다면 세상에서 살면서 겪는 유혹 혹은 어려움과 고난 등을 능히 이길 수 있다는 것입니다. 평범한 사람으로서가 아니라 비범한 인물로 하나님 나라를 위해 쓰임받을 수 있다는 것입니다.

출판을 위해 기도와 물질로 도움을 주신 포도나무

교회 장로님과 성도님들께 감사드립니다. 그리고 군복무를 마치고 다시 미국으로 돌아가기 전 쉬지도 못하고 원고를 정리해 준 이승일 군에게 감사합니다. 오타 수정 및 컴퓨터 작업을 해 준 승종 군과 에셀 양에게도 감사합니다. 평생의 동반자 아내에게도 감사합니다. 그리고 개혁주의 신학을 가르쳐 주신 필자의 스승 김성태 교수님에게 감사합니다.

3개월 정도 "믿음"에 대한 설교를 듣고 함께 은혜를 나누면서 기뻐하고 "목사님, 은혜받았습니다"라고 격려해 준 우리 포도나무 가족께 진심으로 감사드립니다. 그리고 이 책을 읽게 될 독자들에게 감사하며 이 책을 읽으신 독자들이 믿음으로 세상을 이기는 일에 조금이나마 용기를 얻기를 바랍니다.

출판을 위해 수고해 주신 기독교문서선교회(CLC) 박영호 사장님과 직원들에게 감사드립니다.

하늘나라에 계신 아버지(이영기 장로)와 지금도 눈물로 모자란 자식을 위해 기도하시는 어머니(황용순 권사)에게 감사하며 이 책을 부모님께 드리고자 합니다.

2018년 12월 28일

포도나무교회 서재실에서

목차

◆ **추천사**

　김성태 박사(총신대학교 개혁신학연구센터 원장, 선교학 교수)

◆ **저자 서문**

　이동현 목사(포도나무교회 담임)　　　　　　　　6

1. 믿음의 본질　　　　　　　　　　　　　　11
2. 나의 하나님　　　　　　　　　　　　　　30
3. 구원을 보라　　　　　　　　　　　　　　45
4. 믿음의 가문　　　　　　　　　　　　　　67
5. 믿음과 염려　　　　　　　　　　　　　　86
6. 믿음과 원망　　　　　　　　　　　　　107
7. 믿음의 회복　　　　　　　　　　　　　123
8. 믿음과 선교　　　　　　　　　　　　　143
9. 다섯 영웅들　　　　　　　　　　　　　161
10. 세상이 감당치 못할 사람　　　　　　　181
11. 평범에서 비범으로　　　　　　　　　　196

1
믿음의 본질

복음에는 하나님의 의가 나타나서 믿음으로 믿음에 이르게 하나니 기록된 바 오직 의인은 믿음으로 말미암아 살리라 함과 같으니라(롬 1:17).

그런즉 육신으로 우리 조상인 아브라함이 무엇을 얻었다 하리요 만일 아브라함이 행위로써 의롭다 하심을 받았으면 자랑할 것이 있으려니와 하나님 앞에서는 없느니라 성경이 무엇을 말하느냐 아브라함이 하나님을 믿으매 그것이 그에게 의로 여겨진 바 되었느니라 일하는 자에게는 그 삯이 은혜로 여겨지지 아니하고 보수로 여겨지거니와 일을 아니할지라도 경건하지 아니한 자를 의롭다 하시는 이를 믿는 자에게는 그의 믿음을 의로 여기시나니 일한 것이 없이 하나님께 의로 여기심을 받는 사람의 복에 대하여 다윗이 말한 바 불법이 사함을 받고 죄가 가리어짐을 받는 사람들은 복이 있고 주께서 그 죄를 인정하지 아니하실 사람은 복이 있도다 함과 같으니라(롬 4:1-8).

오늘은 우리 성도님들과 "믿음과 행위," 즉 "믿음의 본질과 삶의 연관성"에 대해 생각해 보겠습니다. 믿음의 본질은 무엇인지, 믿는 사람들은 어떤 삶을 살아야 하는지 살펴보도록 하겠습니다.

바울 사도가 사역을 감당하면서 바리새인들과 늘 논쟁하고 변론했던 문제가 바로 복음과 율법의 관계입니다. 바울 사도는 예수 그리스도의 복음 하나만 믿으면 구원에 이른다는 주제를 가지고 복음을 전했고 당시 유대교 사상이 있었던 바리새인들은 믿음에 더해 율법을 강조했습니다.

사람들은 하나님께 뭔가를 해 드려야 구원에 대한 확신이 생기는 모양입니다. 그러나 오늘 말씀을 듣는 가운데 내가 뭔가를 하지 않아도 구원을 얻을 수 있다는 놀라운 진리를 발견하고 감격하는 성도님들이 되시기를 바랍니다.

종교개혁가 루터의 고민도 바로 여기에 있었습니다. 루터는 하나님이 구원해 주시는 의는 능동적인 것으로 생각했습니다. 능동적이라는 것은 내가 뭔가를 해야 한다는 말입니다. 내가 뭔가를 이루어 내야 하고 공로를 세워야 한다는 것입니다.

그러던 루터가 로마서를 연구하던 중에 오늘 본문인

로마서 1:17에서 부딪치게 됩니다. 그러면서 하나님의 의, 하나님을 믿음으로 인해서 구원을 받는 것은 수동적이라는 것을 발견하게 됩니다. 그러니까 구원은 하나님께서 우리에게 선물로 주시는 것이지 내가 뭔가를 해서 얻는 것이 아니라는 것을 루터가 깨닫게 됩니다.

루터는 자신이 뭔가를 하나님께 해드리고 공로를 세워야 구원을 얻는다고 생각했습니다. 그래서 성베드로성당에 있는 많은 계단을 무릎으로 기어서 오르기도 했습니다. 그렇게 자신을 괴롭히면서 고행을 해야 구원을 받는다고 생각한 것입니다. 초대교회의 많은 선각자 특히 금욕주의자들이 그런 주장을 했습니다. 금욕하고 고행을 해야 구원에 이른다고 생각해서 40-50년 동안 기둥 위에서 살았던 수도사도 있었습니다. 그런데 루터가 깨달은 것은 그게 아니라는 것입니다. 오직 의인은 믿음으로 말미암아 산다는 것입니다.

바울 사도 역시 마찬가지입니다. 율법을 굉장히 강조하던 바울 사도가 다메섹 도상에서 예수님을 만나 신학적 패러다임이 완전히 바뀌게 됩니다. 내가 뭔가를 해서 구원을 받는 것이 아니라 하나님이 나에게 은혜로 베풀어 주신 그 믿음으로 인해서 내가 구원을 받게 되는 것이다, 즉 수동적인 것임을 깨닫게 됩니다.

바울 사도가 당시 유대인들과 논쟁할 때 유대인들이 최고라 인정하는 두 사람, 아브라함과 다윗을 예를 들어 주장한 내용이 있습니다. 마태복음 1:1에서 "아브라함과 다윗의 자손 예수 그리스도의 계보라" 이렇게 말한 것을 보면 알 수 있듯이 유대인 사회에서 아브라함과 다윗은 대단한 사람들이었습니다. 아브라함은 민족적 혈통의 시조라고 생각했고 다윗은 유대인들이 생각하는 최고의 왕입니다.

유대인들이 생각하는 인류의 시조 아브라함과 최고의 왕 다윗이 행위로 구원받은 것이 아니고 믿음으로 구원받았다는 것만 증명한다면 유대인의 사상이 무너질 것이라고 바울은 생각했습니다. 그래서 바울 사도가 로마서 4장에서 '칭의'라는 것을 주장하는데 '칭의'란 하나님께서 죄인에게 너는 의롭고 이제 죄가 없다고 무죄를 선포하는 것입니다. 로마서 4:5에 이런 말씀이 있습니다.

> 일을 아니할지라도 경건하지 아니한 자를
> 의롭다 하시는 이를 믿는 자에게는
> 그의 믿음을 의로 여기시나니(롬 4:5).

5절 앞에 아브라함과 다윗 이야기가 나오면서 '일을 아니할지라도'라는 말이 나옵니다. '일을 아니할지라도'는 '아무 공로가 없을지라도'입니다. 그러니까 아무 공로가 없을지라도 경건하지 아니한 자를 의롭다 하시는 이를 믿는 자에게는 하나님께서 그 믿음을 의로 여기셨다는 뜻입니다. 그럼 바울 사도가 '오직 의인은 믿음으로'라는 그의 믿음을 논증하기 위해 제시했던 아브라함과 다윗을 보겠습니다.

아브라함은 어떤 인물이었습니까?

아브라함이 믿음의 조상이 되기 위한 출발점은 갈대아 우르를 떠나서 하나님이 지시한 땅으로 가라는 주의 명령을 받았을 때입니다. 너의 본토 친척 아비 집을 떠나 내가 네게 지시할 땅으로 가라고 하나님이 명하셨을 때 아브라함은 순종했습니다. 그래서 식구들을 데리고 하나님이 지시한 땅을 향해서 출발했습니다.

그런데 가던 길에 기근이 들었습니다. 흉년이 찾아와 먹을 것이 없었습니다. 그러자 아브라함은 하나님이 지시하신 곳으로 계속 가지 않고 방향을 틀어 먹을 것이 풍부한 애굽으로 갔습니다. 애굽에 가까이 이르자 한 가지 걱정이 생겼습니다. 아브라함의 아내 사래가 굉장한 미인이었습니다.

당시 사래의 나이가 65세 정도였는데 아브라함 자신을 죽이고 아내 사래를 빼앗아 갈까 봐 걱정된 것입니다. 그래서 사래에게 이제부터 나의 아내가 아니라 누이라고 하면 자신이 죽지 않을 것이라고 말을 합니다. 애굽 사람들이 사래의 미모에 놀라며 누구의 아내인지 물었습니다. 남편이 없고 아브라함의 동생이라고 한 말이 애굽의 왕에게까지 들어갔습니다. 이 내용이 창세기 12장에 나오는데 애굽 왕 바로가 사래를 보고 취하게 됩니다. 창세기 12:15을 보시면 이런 말씀이 있습니다.

> 바로의 고관들도 그를 보고 바로 앞에서 칭찬하므로 그 여인을 바로의 궁으로 이끌어 들인지라(창 12:15).

이 일로 인해 바로가 아브라함에게 엄청난 재물을 내려줍니다. 그런데 창세기 12:17을 보시면 "여호와께서 아브라함의 아내 사래의 일로 바로와 그 집에 큰 재앙을 내리신지라"고 나와 있습니다.

아브라함이 이와 똑같은 실수를 다시 하는 것이 창세기 20장에 나옵니다. 블레셋으로 내려갔을 때 블레셋 왕 아비멜렉에게 아내를 빼앗깁니다. 그때에는 아비멜렉이 사라를 취하기 전에 하나님께서 막으십니다.

창세기 20:4에 아비멜렉이 그 여인을 가까이 하지 않았다고 나옵니다. 그런데 창세기 12장에서는 사래의 일로 큰 재앙을 내리셨습니다. 이 말은 바로가 이미 사래를 취했다는 것입니다. 자신의 아내를 파는 비겁한 일을 아브라함이 한 것입니다. 창세기 16장에 보시면 이 일에 대한 여파가 이어지게 됩니다. 애굽에서 많은 금은보화와 종들을 하사받아 나오게 되는데 이때 하갈도 함께 나오게 됩니다. 이 하갈이 나중에 사래의 몸종이 되지요.

하나님께서 분명히 네 자손으로 하늘의 별같이 많게 해 주시겠다고 약속하셨는데 10년이 지나도록 이 약속을 이루어 주지 않으셨습니다. 그러자 창세기 16장에 보면 사래가 내 여종 하갈을 통해서 우리 후대를 잇자고 아브라함에게 말합니다. 하갈이 아브라함에게 들어가서 결국 아들을 낳았는데 그가 바로 중동의 조상이 된 이스마엘입니다.

사래가 아무리 요구해도 아브라함이 영적 가장이라면 하나님의 약속을 기다리라고 말했어야 합니다. 그런데 아브라함은 그렇게 하지 못했습니다. 바울 사도가 말한 것이 이것입니다. 아브라함이 행위로 구원받은 것이 아니라는 것입니다.

사랑하는 성도 여러분!

다윗은 어떻습니까?

자신의 욕정을 이기지 못하고 자기 부하의 아내를 취하는 어처구니없는 일을 저질렀습니다. 또 그 여인이 임신한 것을 알게 되자 그 책임을 모면하기 위해서, 자신의 아이가 아닌 것처럼 꾸미기 위해서 이 여인의 남편 우리아를 불러 집으로 보내려고 했습니다. 그런데 우리아는 집으로 가지 않았습니다. 사무엘하 11:11을 보겠습니다.

> 우리아가 다윗에게 아뢰되 언약궤와 이스라엘과 유다가 야영 중에 있고 내 주 요압과 내 왕의 부하들이 바깥 들에 진 치고 있거늘 내가 어찌 내 집으로 가서 먹고 마시고 내 처와 같이 자리이까 내가 이 일을 행하지 아니하기로 왕의 살아 계심과 왕의 혼의 살아 계심을 두고 맹세하나이다 하니라(삼하 11:11).

이런 충직한 군인을 결과적으로 다윗이 어떻게 합니까?

사무엘하 11:15을 보겠습니다.

> 그 편지에 써서 이르기를
>
> 너희가 우리아를 맹렬한 싸움에 앞세워 두고
>
> 너희는 뒤로 물러가서 그로 맞아 죽게 하라 하였더라
>
> (삼하 11:15).

이 얼마나 비겁하고 비열한 행동입니까?

바울 사도가 아브라함과 다윗을 예로 들어 "일을 아니할지라도 경건하지 아니한 자를 의롭다 하시는 이를 믿는 자에게는 그의 믿음을 의로 여기셨다"라고 말하고 있는 것입니다. 아무 공로가 없다는 것이지요. 그러니까 구원과 믿음은 하나님께서 주시는 선물이라는 것을 바울 사도가 주장한 것입니다.

사랑하는 여러분!

구원은 오직 믿음으로 말미암아 받게 된다는 것을 꼭 믿으시는 은혜가 있으시길 바랍니다. 이것이 믿음의 본질입니다.

우리가 잘 아는 요한복음 3:16에도 나와 있지 않습니까?

> 하나님이 세상을 이처럼
>
> 사랑하사 독생자를 주셨으니

이는 그를 믿는 자마다 멸망하지 않고

영생을 얻게 하려 하심이라(요 3:16).

이것이 믿음의 본질이고 가장 기초적인 것입니다. 사도행전 16:31도 보겠습니다.

이르되 주 예수를 믿으라

그리하면 너와 네 집이 구원을 받으리라 하고(행 16:31).

그렇다면 구체적으로 무엇을 믿어야 할까요?

첫째, 주님이 내 삶의 주인임을 믿어야 합니다.
마태복음 16:16에 이 고백이 있지 않습니까?

시몬 베드로가 대답하여 이르되

주는 그리스도시요

살아 계신 하나님의 아들이시니이다(마 16:16).

여기서 우리는 구체적으로 어떤 예수님을 믿어야 하는가를 발견할 수 있습니다. 주는 주인이라는 의미입니다. 예수 그리스도가 나의 삶의 주인임을 인정하는 은혜가 있으시기를 예수님의 이름으로 축복합니다.

예수님께서 제자들에게 사람들이 나를 누구라고 하는지 물으셨습니다. 어떤 사람은 엘리야라고도 하고 어떤 사람은 죽은 세례 요한이 살아났다고도 한다고 대답하자, 예수님께서 다시 물으십니다. 그렇다면 너희는 나를 누구라고 하느냐고 말입니다. 예수님의 관심사는 다른 사람들이 자신을 누구라고 하느냐보다 제자들이 예수님을 누구라고 생각하는지에 있었습니다.

주님께서 오늘날의 우리에게도 똑같은 질문을 하실 것입니다. 그때 우리는 베드로와 같은 고백을 해야 합니다.

> 주는 그리스도시요 살아 계신 하나님의 아들이시니이다
> (마 16:16).

이 고백이 우리에게도 있어야 합니다. 주님은 내 삶과 내 생명의 주인이시고 내 삶의 모든 것을 통치하시는 분이십니다. 나의 시간과 물질의 주인도 주님이라는 고백이 우리에게 있어야 합니다. 주님이 나의 주님이심을 믿는 것, 이것이 바로 믿음입니다.

그리고 우리가 무엇을 믿어야 할까요?

둘째, 주는 그리스도이심을 믿어야 합니다.

그리스도라는 말은 '기름 부음을 받은 자'라는 의미입니다. 구약 시대에 기름 부음을 받아서 세우는 세 가지 직분이 있었습니다. 그 세 가지 직분은 선지자, 제사장, 왕입니다. 예수님께서 이 세 가지 직분을 행하고 계신다는 것입니다.

선지자로서 예수님께서는 하나님의 말씀을 대언하시는 분입니다. 이 땅에 오셔서 하나님의 말씀을 가르쳐 주셨습니다. 오늘날에도 예수의 영이신 성령께서 하나님의 계시의 책인 특별 계시의 책을 통해 우리에게 말씀하고 계십니다.

또 하나는 제사장입니다. 구약 시대 제사장의 사명은 사람들이 죄 사함을 받기 위해서 하나님 앞에 제물을 가지고 오면 그 제물의 각을 뜨고 제물을 쪼개고 껍질을 벗겨서 하나님 앞에 번제로 드리는 것입니다. 제물로 가져온 짐승을 죽인 후 그 피를 지성소로 가지고 들어가서 지성소에 뿌리면서 제물을 가져온 사람의 죄를 사하는 사람이 바로 제사장입니다.

그런데 예수님께서 제사장의 직분을 행하셨다는 것입니다. 본인 자신이 제물이 되어 십자가에 달려 죽으셨습니다. 영원한 대제사장이 되어 단번에 제사를 드리신 것입니다. 예수 그리스도가 단번에 영원한 제물이 되어서 십자가에서 죽으심으로 더 이상의 동물 제사는 필요 없게 되었습니다. 예수님이 십자가에서 죽으심으로 인해 우리가 구원받았음을 믿으셔야 합니다.

또 다른 하나는 왕입니다. 왕은 다스리고 통치하는 사람입니다. 온 우주 만물의 왕이신 우리 예수님께서 지금도 우리를 통치하고 계심을 믿으시는 은혜가 있으시기를 예수님의 이름으로 축복합니다.

예수님은 우리의 주인이시고 그리스도이십니다.

그리고 우리가 무엇을 믿어야 할까요?

셋째, 예수님이 유일한 구원의 길임을 믿어야 합니다.

요한복음 14:6을 보겠습니다.

> 예수께서 이르시되 내가 곧 길이요 진리요 생명이니 나로 말미암지 않고는 아버지께로 올 자가 없느니라 (요 14:6).

사도행전 4:12도 보겠습니다.

> 다른 이로써는 구원을 받을 수 없나니

> 천하 사람 중에 구원을 받을 만한 다른 이름을
> 우리에게 주신 일이 없음이라 하였더라(행 4:12).

많은 사람이 예수 외에도 구원의 길이 있는 줄 알고 다른 신들을 많이 만들어 냅니다. 그런데 예수 외에는 절대 구원이 없습니다. 예수님을 믿는 것 외에는 구원이 없음을 믿으시기를 예수님의 이름으로 축복합니다.

하나님이 우리에게 선물로 주시는 믿음, 믿어야 구원을 받는데 이 믿음은 어떻게 생기는 것일까요?

어떤 과정을 거쳐서 믿음이 우리에게 전해지는 것일까요?

로마서 10:17을 보실까요?

> 그러므로 믿음은 들음에서 나며 들음은 그리스도의 말씀으로 말미암았느니라(롬 10:17).

하나님께서 우리에게 선물로 주시는 믿음이 우리 안에 오기 위해서는 하나님의 말씀을 듣는 과정을 거쳐야 합니다. 혹시라도 믿어지지 않는다면 하나님의 말씀을 들을 줄 아는 은혜가 여러분에게 있으시기를 바랍니다. 하나님의 말씀은 많이 들어야 합니다. 하나님의 말씀은 능력이 있으므로 그 말씀 하나만 전해져도 폭발적인 역사가 일어나게 됩니다.

예배 시간에 말씀만 잘 들어도 여러분의 문제가 해결됩니다. 예배 시간에 말씀만 잘 듣고 그 말씀에 나의 모든 것을 맡긴다면 여러분의 질병까지도 치료되는 역사가 말씀을 듣는 중에 일어나게 됩니다. 이것이 바로 말씀의 능력이고 권세입니다.

말씀 가운데 성령이 역사하기 때문입니다. 성령이 역사하고 성령이 강력하게 임하기 때문에 그 말씀에 우리가 "아멘"하며 나를 온전히 맡기면 우리에게 기적이 일어나게 되는 것입니다. 그래서 고린도전서 12:3을 보시면 이런 내용의 말씀이 있습니다.

> 그러므로 내가 너희에게 알리노니
> 하나님의 영으로 말하는 자는
> 누구든지 예수를 저주할 자라 하지 아니하고
> 또 성령으로 아니하고는
> 누구든지 예수를 주시라 할 수 없느니라(고전 12:3).

성령이 시켜야 예수님을 나의 주라고 부를 수 있다는 것입니다. 그러니까 성령이 역사하시는 것입니다.

믿음은 그렇게 해서 생겨나는 것입니다.

그렇다면 믿기만 하면 되는 것일까요?

어떤 사람이 이렇게 말합니다.

"로마서의 교리를 강조하다 보면 야고보서에 나오는 행위적 관점은 어떻게 해야 하나요?"

로마서를 나무에 비유하면 뿌리에 관점을 두고 저술한 내용입니다. 물론 로마서 12-16장은 행위의 관점, 그리스도인의 실생활을 강조했지만, 뿌리에 관점을 두고 있습니다. 그리고 야고보서는 행위를 강조하는데 열매에 관점을 두고 있습니다. 그러므로 로마서와 야고보서가 서로 상반된 것이 아니라 다 연결이 되는 것입니다. 다시 말해 믿음만 가지고 있으면 다 되는 것이 아닙니다.

하나님의 선택 교리를 강조한 칼빈의 선택론을 보면 하나님의 선택을 받은 사람은 하나님의 말씀을 들을 때 반응을 한다고 합니다. 믿음의 뿌리를 가지고 있는 사람은 반응하게 되어 있다는 것입니다. 믿음의 뿌리를 가지고 있는 사람은 행위적인 면에서 말씀에서 벗어난 삶을 살지 않고 하나님을 믿는 믿음을 증거 하며 산다는 말입니다.

우리 선조들과 성경의 인물들을 보십시오!

믿음을 통해서 내가 구원받았음을 마음에 확신하고 구원의 감격을 표현하며 살지 않았습니까?

바울 사도는 예수 그리스도의 복음을 증거 하는 일에는 나의 생명을 귀한 것으로 여기지 않겠다고 했습니다. 예레미야 선지자는 하나님의 말씀을 전하지 않으면 마음이 답답하여 견딜 수 없다고 했습니다.

기쁜 소식이 내 마음속에 임하면 내 마음이 흥겨워지고 즐겁고 기쁘게 됩니다. 그러면 그 기쁜 소식을 전하고 싶어서 견딜 수 없게 됩니다.

성도 여러분, 자녀들이 학교에서 전교 1등을 했다고 생각해 보십시오.

얼마나 기분이 좋겠습니까?

당장 자랑하고 싶어서 견딜 수 없을 것입니다. 그 감격 속에서 살면 행위적인 측면에서 가장 먼저 나오는 것이 기쁨을 전하는 것입니다.

그래서 복음을 'good news'라고 하지 않습니까?

복음은 좋은 소식, 기쁜 소식이라는 것입니다.

사랑하는 성도 여러분!

구원받은 자로서 믿음의 뿌리를 가지고 있는 저와 여러분에게 반드시 나타나야 하는 열매는 복음을 전하는 열매입니다. 사과나무를 심으면 사과가 열리고 포도나무를 심으면 포도가 열리는 것처럼 우리에게 믿음의 뿌리가 있으면 행위적인 관점에서 반드시 열매가 열려야 합니다. 나를 구원해주신 주님에 대한 감격 속에 살면서 'good news,' 복음을 전하는 삶을 사시기를 예수님의 이름으로 축복합니다.

내가 믿는다면 복음의 열매가 나타나야 합니다. 내가 믿는다면 세상을 변화시키는 열매가 나타나야 합니다. 여러분이 있는 곳에 변화의 역사가 일어나야 합니다. 이것이 바로 믿는 자의 열매입니다.

믿음의 뿌리가 있다면 생활적인 면에서 어떤 열매가 나타나야 할까요?

본이 되는 열매가 나타나야 합니다. 그리스도인들은 삶의 본이 되어야 합니다.

믿음의 뿌리를 가지고 있으면서 생활적인 면에서 다른 사람들에게 인정을 못 받는다면 그 사람을 어떻게 믿는 사람이라고 할 수 있겠습니까?

가정에서도 본이 되는 신앙생활을 해야 합니다. 부모님들 세대가 먼저 본이 되는 신앙생활을 해야 자녀들이 따라옵니다. 어려운 문제가 있을 때 하나님 앞에 엎드려 기도하는 모습을 보이고 무슨 일이 있어도 주일을 지키는 모습을 보이면 자녀들 또한 그 신앙을 본받게 됩니다.

사랑하는 성도 여러분!

오늘 저와 함께 믿음의 본질적인 측면을 살펴보았습니다. 하나님께서 우리에게 믿음을 선물로 주셨습니다. 어떤 예수님을 믿어야 하는지 믿음의 본질적인 면을 살펴보았고 믿음의 뿌리를 가지고 있다면 그 뿌리가 열매로 나타나야 한다는 것도 살펴보았습니다.

사랑하는 성도 여러분!

저와 여러분들은 예수님을 믿습니다. 예수님이 나의 주인이시고 나의 구원자이시며 내 삶의 통치자이심을 믿습니다. 그 예수 외에는 구원의 길이 없음도 믿습니다. 그 믿음을 가진 저와 여러분들은 삶 속에서 예수를 믿는 사람답게 풍성한 열매를 맺으며 사는 은혜가 있으시기를 예수님의 이름으로 축복합니다.

2
나의 하나님

야곱아 너를 창조하신 여호와께서 지금 말씀하시느니라 이스라엘아 너를 지으신 이가 말씀하시느니라 너는 두려워하지 말라 내가 너를 구속하였고 내가 너를 지명하여 불렀나니 너는 내 것이라 내가 물 가운데로 지날 때에 내가 너와 함께 할 것이며 강을 건널 때에 물이 너를 침몰하지 못할 것이라 네가 불 가운데로 지날 때에 타지도 아니할 것이요 불꽃이 너를 사르지도 못하리니 (사 43:1-2).

오늘은 "나의 하나님"이라는 주제로 이사야 43:1-2 말씀을 함께 나누도록 하겠습니다. 너의 하나님, 당신의 하나님, 그분의 하나님도 되어야 하지만 가장 중요한 것은 나의 하나님이 되는 것입니다.

할렐루야. 하나님이 나의 하나님이 되어야 그 사람이 하나님의 자녀라 할 수 있습니다. 전능하신 하나님을 나의 하나님으로 모시고 의지하며 살아야 인생에서 승리할 수 있습니다.

오늘 본문 말씀은 이사야 선지자가 포로 생활 중인 이스라엘 백성들에게 강력하게 힘을 더해주기 위한 말씀입니다. 이스라엘 백성들은 포로 생활 가운데 여러 가지 박해를 받으며 낙심과 절망과 실망 속에 빠져 있었습니다.

그런 이스라엘 백성들에게 이사야 선지자가 말하는 것이 야곱아 너를 창조하신 여호와께서 지금 말씀하고 계신다는 것입니다. '야곱아'라는 것은 이스라엘을 가리키는 것인데 이스라엘 열두 지파가 야곱으로부터 시작되었기 때문입니다. 이스라엘아 너를 지으신 이가 말씀하시니 너는 두려워하지 말라는 것입니다.

이사야 선지자가 두려워하지 말라고 말하는 근거는 과연 무엇일까요?

그것은 너를 창조하신 하나님, 너를 만드신 하나님, 그러니까 바로 나의 하나님이 계시기 때문에 두려워하지 말라고 한 것입니다. 아무리 포로 생활 중이라고 해도, 아무리 어려운 상황 속에 있다 해도 두려워하지 말라는 것입니다.

그렇다면 나의 하나님은 도대체 어떤 하나님이실까요?

나의 하나님이 어떤 하나님이신지 알아야 우리가 절망 가운데 있어도 희망을 품을 수 있고 넘어져도 다시 일어날 수 있는 것입니다. 나의 하나님에 대해서 자세히 모르고 나의 하나님에 대한 믿음이 없으면 우리가 넘어졌을 때 다시 일어나기가 어렵습니다. 나의 하나님이 어떤 하나님이신지 알고 나의 하나님이라는 믿음을 가지고 있으면 어떤 상황 속에서도 일어날 수 있습니다.

나의 하나님은 어떤 하나님이신지 살펴봅시다.

첫째, 구속의 하나님이십니다.

오늘 말씀 1절을 보겠습니다.

> 야곱아 너를 창조하신 여호와께서 지금 말씀하시느니라
> 이스라엘아 너를 지으신 이가 말씀하시느니라

> 너는 두려워하지 말라 내가 너를 구속하였고
> 내가 너를 지명하여 불렀나니 너는 내 것이라(사 43:1).

사랑하는 성도 여러분!

이 땅에 수많은 종교가 있지만, 예수 외에는 구원받을 길이 없습니다. 사도행전 4:12 말씀을 기억하셔야 합니다.

> 다른 이로써는 구원을 받을 수 없나니
> 천하 사람 중에 구원을 받을 만한 다른 이름을
> 우리에게 주신 일이 없음이라 하였더라(행 4:12).

할렐루야. 많은 사람이 예수 외에도 구원받을 길이 있다고, 천국 갈 길이 있다고, 낙원에 갈 길이 있다고 생각하면서 여러 가지 우상을 만들어 섬기고 있습니다. 우리 신앙인들도 마찬가지입니다. 신앙인들조차 많은 우상을 섬기고 신앙인들도 점쟁이를 찾아가는 어처구니없는 일이 일어나는 현실입니다. 우리 주위에는 너무나 많은 우상과 이단들이 있습니다. 시골에만 내려가도 수많은 우상이 마을마다 있습니다.

저는 이번에 말씀으로 섬기기 위해 일본에 다녀왔

습니다. 저는 일본에서 많은 우상을 보았습니다. 제가 다녀온 곳이 도쿄 중심가가 아니라 중심가에서 북쪽으로 떨어진 시골이었는데 정말 많은 우상이 있었습니다. 그곳에 무사의 집이라는 옛날 사무라이들이 살던 거리가 있어서 가봤는데 집집마다 신사가 있었습니다.

제가 이번에 방문한 아키타현에 있는 '오가'라는 곳 입구에는 높이가 4미터에 가까운 '나마하게'라는 수호신 한 쌍이 세워져 있었습니다. 이 수호신은 크기도 위압적이지만 표정은 더욱 험악하게 조각되어 있었습니다.

이와 같은 수호신은 지역마다 모양이나 크기나 종류에 있어서 다르지만, 목적에서는 공통점이 있습니다. 즉 자신들이 생활하는 지역이 지진이나 쓰나미 같은 자연재해나 전염병이나 외부로부터의 악한 기운이나 침입으로부터 보호받기 위한 목적으로 세워졌다는 것입니다.

많은 일본인은 실제로 그와 같은 것으로부터 자신이 보호받고 있다고 믿고 있을 뿐만 아니라 그것을 신으로 모시고 있습니다. 큰 귀신이 버티고 있으면 작은 귀신들이 겁이 나서 들어오지를 못한다는 것이지요.

제가 설교한 아키타그리스도교회 옆에는 절이 하나 있

고 바로 옆에는 공동묘지가 있었습니다. 주택가 한복판에 200여 개의 묘지가 다닥다닥 붙어 있었습니다. 이것을 보면서 일본인들의 삶과 죽음의 세계관을 볼 수 있었습니다. 일본인들에게 있어서 생과 사, 즉 이승과 저승은 물리적으로 경계선을 그을 수 있지만, 정서적으로는 선을 긋기가 쉽지 않다는 것입니다. 왜냐하면, 이들은 삶과 죽음이 동전의 양면처럼 서로 분리될 수 없는 차원에 있다고 생각하기 때문입니다.

그래서 이들은 우리나라와 같이 죽은 자의 무덤을 산 자들로부터 될 수 있는 대로 분리된 산과 같은 곳에 만들지 않고 유치원이나 학교 옆에도 만들고 가정집이나 관공서 옆에도 만듭니다.

이와 같은 그들의 문화는 사후세계의 세계관이 철저하게 이승과 저승이 맞닿아 있고 이승의 연장이라고 생각하고 있다는 것을 말해주는 것입니다. 그래서 이들은 죽은 이후의 시간 개념이나 환경은 다를지라도 이승에서와 같은 가족 체계 속에 산다고 믿는 것입니다.

그러니까 자신이 살아 있을 때 죽은 조상에 대해 지성을 다하지 못하면 죽은 이후에 이와 같은 가족 체계에 들어가지 못할지도 모른다는 두려움을 갖고 있습니다. 그러니까 이들은 죽은 조상들을 잘 섬김으로 사후 세계를 확실하게 보장받을 수 있다는 신앙이 있는 것입니다. 조상신이 자신들에게 복을 줘야 잘 살 수 있으므로 항상 옆에 두고 산다는 것입니다.

1억 3천만이나 되는 인구 중에 0.4%만이 예수님을 알고 나머지는 모르는 일본의 현실을 보고 너무 안타깝고 마음이 아팠습니다.

이 땅에 구원을 주신 분은 예수님 한 분뿐이신데 말입니다. 예수 외에는 구원이 없는데 다른 것을 찾아 헤매고 있습니다.

사랑하는 성도 여러분!

꼭 기억하셔야 합니다. 예수 외에는 절대로 구원이 없습니다. 여러분에게 구원을 주시는 분, 예수님의 이름을 붙잡아야 합니다. 예수님의 이름을 놓치면 천국에 못 갑니다. 우리를 구원해 주실 분은 오직 예수님뿐이심을 기억하시고 절대로 우상 숭배하지 마시기 바랍니다. 우리는 하나님의 자녀라는 것을 기억하셔야 합니다. 하나님의 자녀는 오직 하나님만을 섬기면서 살아가야 합니다.

예수 그리스도를 십자가에 죽이면서까지 우리를 사랑하셔서 멸망 받을 수밖에 없고 지옥에 떨어질 수밖에 없는 존재들인 저와 여러분을 하나님의 자녀로 만들어 주셨습니다. 그분이 우리 하나님이십니다. 그래서 우리는 일생동안 예수님만 섬기면서 살아야 합니다. 예수님만 모시고 예수님만 따라 살아야 합니다. 이것이 우리의 본분입니다. 나를 구원해 주실 분은 예수 외에는 없기 때문입니다. 예수님이 나를 구원해 주셨으니까 그분만 좇아서 살아가셔야 합니다.

구속받은 저와 여러분들은 어떤 삶을 살아야 할까요?

하나님의 자녀답게 살아야 합니다. 다른 것을 마음의 중심에 담고, 돈이 세상 전부인 줄 알고, 돈만 좇아서 허둥지둥 살고, 자녀가 전부인 줄 알고 살다가 인생을 허무하게 마무리하면 안 됩니다.

하나님의 자녀답게 우상 숭배하지 않고, 하나님 외에 다른 것에 집착하지 않고, 나를 구원해 주신 예수 그리스도 그분의 말씀 따라서 그분만 좇아서 살아가야 합니다. 이것이 그리스도인의 삶입니다. 우리를 구원해주신 하나님에 대한 도리이기도 합니다.

그래서 전도서 기자가 다음과 같이 말했습니다.

> 너는 청년의 때에 너의 창조주를 기억하라(전 12:1).

하나님을 경외하고 그의 명령들을 지킬지어다 이것이 모든 사람의 본분이니라(전 12:13).

창조주를 잊어버리고 그의 명령을 지키지 않으면 사람으로서 의무를 지키지 않는 것이라는 말입니다. 사람을 만드신 분이 하나님이시기 때문에 우리는 하나님의 설계대로 살아가야 합니다.

사랑하는 성도 여러분!

예수 외에는 구원이 없습니다. 예수님의 공로로 하나님의 자녀가 되었으니 하나님이 기뻐하시는 삶을 살고 하나님이 원하시는 생활을 하시기를 예수님의 이름으로 축복합니다.

나의 하나님은 또 어떤 하나님이십니까?

둘째, 나의 하나님은 위험 중에서도 지키시고 건지시는 분이라고 오늘 성경은 말하고 있습니다.

우리의 삶 속에 위험한 일이 얼마나 많습니까?

힘든 순간이 너무나도 많고 위험한 사건 사고도 상당히 자주 일어납니다. 우리가 사는 세상이 너무나도 위험한 세상이 되었습니다.

그런데 사랑하는 여러분, 위험하고 험한 세상이 되었

다고 해서 하나님의 자녀가 위축될 필요 전혀 없습니다. 오늘 말씀을 기억하실 필요가 있습니다. 오늘 2절 말씀에 가서 보시면 이렇게 되어 있습니다.

> 네가 물 가운데로 지날 때에
> 내가 너와 함께 할 것이라
> 강을 건널 때에
> 물이 너를 침몰하지 못할 것이며
> 네가 불 가운데로 지날 때에
> 타지도 아니할 것이요
> 불꽃이 너를 사르지도 못하리니(사 43:2).

할렐루야. 성도 여러분! 성경에서 물 가운데로 지날 때라고 하면 어떤 상황이 생각나십니까?

출애굽기 14장의 모세가 홍해를 가르는 사건이 생각나지 않습니까?

홍해라는 정말로 어떻게 해볼 수 없는 상황을 모세가 만났습니다. 물을 다 퍼낼 수도 없고 헤엄쳐서 홍해를 건너갈 수도 없고 뒤에는 바로의 군대가 쫓아오는 상황입니다. 도저히 내가 어떻게 해볼 수 없는 그런 상황입니다.

세상을 살다 보면 여러분들의 힘으로 도저히 해낼 수 없는 그런 상황을 만나게 됩니다. 내 이성과 힘과 능력을 갖추고 해결할 수 있는 일만 만나는 것이 아닙니다. 도저히 내 힘으로 어떻게 할 수 없는 그런 상황에 부딪힐 때가 있습니다.

모세가 그런 상황을 만난 것입니다. 모세의 힘으로는 해결이 안 됩니다. 백성 전체가 뛰어들어서 물을 퍼낼 수도 없고 뒤로 돌아서 바로의 군대와 전쟁을 할 수도 없습니다.

성도 여러분! 그럴 때는 어떻게 해야 할까요?

하나님을 부르고 하나님께 기도해야 합니다.

기도할 때 하나님께서 응답하십니다. 뭐라고 하나님께서 말씀하셨습니까?

출애굽기 14:14을 보겠습니다.

> 여호와께서 너희를 위하여 싸우시리니
> 너희는 가만히 있을지니라(출 14:14).

기도한 후에 가만히 있는 것이 우리가 해야 할 일입니다. 하나님 앞에 기도하고 가만히 있으면서 하나님께서 싸우시는 것과 하나님께서 하시는 일을 보라는 것입니다. 우리 하나님은 그런 하나님이십니다. 내 힘으로 할 수 없다고 해서 우리를 절망 가운데 빠뜨리시는 분이 아닙니다. 내가 할 수 없으면 하나님께서 직접 움직이십니다.

다음으로 어떤 상황입니까?

불 가운데로 지나는 상황입니다. 불 가운데로 지날 때도 절대로 염려하지 말라는 것입니다.

사랑하는 성도 여러분!

불 가운데로 지날 때가 언제입니까?

연단입니다. 하나님의 백성들이 세상을 살아가면서 불같은 연단을 만날 수가 있습니다. 여러분, 연단과 고난은 다릅니다. 고난에도 여러 종류가 있는데 자기가 잘못해서 받는 고난이 있고 연단 속에 있는 고난이 있습니다. 그래서 우리가 하나님 앞에 뭔가 사인이 오면 잘 살펴야 합니다. 내가 하나님의 말씀대로 살지 않는 부분이 있는지 살펴야 합니다.

그런데 내가 하나님 앞에 열심히 살려고 노력하는데도 고난을 받는다면 그것은 여러분의 믿음을 정금같이 만드시려는 하나님의 연단 과정입니다. 그 연단은 여러분의 믿음을 테스트하는 것입니다. 그 믿음의 테스트를 통과하셔야 합니다.

살다 보면 여러 가지 일을 만날 수 있는데 그때마다 여러분께서 기억하셔야 할 것은 위험 가운데에 거할지라도, 그 위험한 상황 중에도 나를 지키시는 분은 나의 하나님이시라는 것입니다. 하나님께서 그렇게 약속하셨습니다.

그러니까 여러분, 세상을 담대하게 살아가십시오!

나의 하나님은 나를 붙드시고 나를 지키시는 분이십니다.

나의 하나님은 또 어떤 하나님이신가요?

셋째, 물 가운데로 지날 때나 불 가운데로 지날 때도 그 모든 것을 헤치고 길을 만드시는 분입니다.

할렐루야. 우리의 앞길과 여러분 자녀들의 앞날에 하나님께서 길을 만드시는 역사가 있으시기를 예수님의 이름으로 축복합니다.

기도하니까 홍해도 갈라지지 않습니까?

길이 열리지 않습니까?

넘쳐흐르는 요단강 물을 보며 여호수아는 막막했습니다. 모세의 뒤를 이어서 영적 지도자로 뽑혔으나 모세 만큼의 영력도 없고 백성들의 신임도 받지 못했습니다. 그때 여호수아가 하나님 앞에 기도하자 하나님께서 좌로나 우로나 치우치지 말라고 말씀하셨습니다. 그리고 또 하나님께서 여호수아에게 하신 말씀이 여호수아 3:7에 나옵니다.

> 여호와께서 여호수아에게 이르시되
> 내가 오늘부터 시작하여
> 너를 온 이스라엘의 목전에서 크게 하여
> 내가 모세와 함께 있었던 것 같이
> 너와 함께 있는 것을 그들이 알게 하리라 (수 3:7).

그리고 요단강이 갈라지는 역사가 일어나게 하셨습니다. 하나님께서 제사장들이 담대하게 요단강에 들어서라고 하셨습니다. 이것은 정말 쉬운 일이 아닙니다. 그러나 제사장들이 여호수아의 말을 듣고 전능하신 하나님을 믿고 의지하면서 요단강에 들어섰을 때 요단강이 갈라졌습니다.

우리 하나님은 길을 만드시는 하나님이십니다. 아무리 어렵고 힘들어도 여호와 하나님 앞에 기도하면 하나님은 길을 만들어 내십니다. 우리 성도님들의 앞길도 이렇게 길이 열리기를 예수님의 이름으로 축복합니다.

특별히 여러분 자녀들의 앞날에 막힘없이 길이 열

리기를 예수님의 이름으로 축복합니다. 뚫지 못할 것 같은 장벽도, 막힌 것 같은 길도 하나님이 역사하시면 그 길이 열릴 줄로 믿습니다. 여러분 개인적으로도 그렇지만 여러분 후손들의 앞날도 길이 열리는 역사가 있기를 기도합니다. 이 복을 받으셔야 합니다.

이제 말씀을 맺도록 하겠습니다. 나의 하나님을 믿고 하나님의 자녀답게 당당하고 담대하게 살아가셔야 합니다. 나의 하나님은 여러분을 지키실 것이고, 나의 하나님은 길을 열어주실 것입니다. 이 믿음을 가지고 승리하는 성도님들 되시기를 예수님의 이름으로 축복합니다.

3
구원을 보라

바로가 가까이 올 때에 이스라엘 자손이 눈을 들어 본즉 애굽 사람들이 자기들 뒤에 이른지라 이스라엘 자손이 심히 두려워하여 여호와께 부르짖고 그들이 또 모세에게 이르되 애굽에 매장지가 없어서 당신이 우리를 이끌어 내어 이 광야에서 죽게 하느냐 어찌하여 당신이 우리를 애굽에서 이끌어 내어 우리에게 이같이 하느냐 우리가 애굽에서 당신에게 이른 말이 이것이 아니냐 이르기를 우리를 내버려 두라 우리가 애굽 사람을 섬길 것이라 하지 아니하더냐 애굽 사람을 섬기는 것이 광야에서 죽는 것보다 낫겠노라 모세가 백성에게 이르되 너희는 두려워하지 말고 가만히 서서 여호와께서 오늘 너희를 위하여 행하시는 구원을 보라 너희가 오늘 본 애굽 사람을 영원히 다시 보지 아니하리라 여호와께서 너희를 위하여 싸우시리니 너희는 가만히 있을지니라(출 14:10-14).

세상을 살다 보면 여러 가지 두려운 일들을 만나게 됩니다. 많은 사람이 두려움을 느끼며 살고 있습니다. 두려움, 무서움, 고난, 어려움 같은 부정적인 언어들은 평생 우리를 따라다닐 수가 있습니다. 내일 무슨 일이 일어날지 아무도 모릅니다. 그래서 거기에 따른 불안과 두려움을 갖고 살아갑니다. 회사 면접에서 떨어질까 두려워하고, 대학 시험에서 떨어질까 두려워하고, 회사에서 쫓겨날까 봐 두려워하고, 사업이 잘 안 돼서 망할까 봐 두려워합니다.

이처럼 여러 가지 두려움을 안고 사람들은 살아가고 있습니다. 행복했던 순간들을 생각하면서 살아가도 두려움은 계속해서 우리를 쫓아올 수 있습니다. 내 삶이 지금 행복하고 아무런 염려와 걱정이 없는데도 불구하고 두려움이 우리에게 올 수 있습니다.

성경에 보면 그런 사람이 있는데 그 대표적인 사람이 바로 욥입니다. 욥은 고난을 겪은 어떤 사람들보다도 많은 고난과 어려움, 상처를 겪었습니다. 그런데 그 모든 고난을 겪으면서 고백한 내용을 보면 욥이 평소에도 굉장한 두려움을 안고 있었다는 것을 알 수 있습니다.

욥기 3:25을 보겠습니다.

> 내가 두려워하는 그것이 내게 임하고
> 내가 무서워하는 그것이 내 몸에 미쳤구나(욥 3:25).

욥이 두려워했던 것이 무엇입니까?

욥은 동방에 큰 부유한 사람이었습니다. 또한, 욥은 가정적으로도 굉장히 다복했습니다. 아들이 일곱에 딸이 셋이었습니다. 그리고 굉장한 부자였습니다. 형제들 간에 사이도 좋아서 생일을 맞이하면 온 식구들이 모여 생일잔치를 하고 다 같이 하나님께 예배드렸습니다. 아들, 딸에 손자들까지 매번 함께 모여 하나님을 찬송하고 예배를 드렸습니다.

그런데 바로 이런 순간에, 이 행복한 순간에 혹시 내 자녀들이 하나님 앞에 범죄 하지는 않았을까 그래서 하나님의 진노를 불러일으키지는 않았을까 하는 두려움, 이런 두려움이 욥에게는 항상 있었습니다. 이 행복이 깨질까 봐 두려워했다는 것입니다.

'내가 이렇게 행복한데, 우리 가정이 이렇게 화목하고 하나님의 복을 받았는데 이 복과 이 행복이 깨지면 어떻게 하지?'

이런 두려움, 그러니까 내가 지금 누리고 있는 행복이 끝날 것 같은 두려움.

사람들은 가장 좋을 때 안 좋은 일이 생기면 어떡하나 하는 두려움을 갖고 산다고 하지 않습니까?

그 두려움입니다.

어떤 사람이 두려움이라는 것을 정의하고 두려움을 극복하는 방법을 말했는데 읽으면서 황당하다는 느낌이 들었습니다. 두려움을 극복하는 방법은 A4용지 반을 접어서 줄을 쭉 긋고 왼편에는 자기가 두려워하는 것을 다 적고 그 오른편에는 "나는 이 두려움을 극복할 수 있다, 나는 이 두려움을 이겨낼 것이다"라고 계속 쓰라는 것입니다. 그러면 두려움이 사라진다고 말입니다. 저도 "나는 이 두려움을 이겨낼 것이다"라고 계속 써봤습니다. 그런데 사라지지 않았습니다.

여러분들께서도 두려움이 있으시면 한번 쭉 적어보십시오. 그리고 그 옆에 나는 "이 두려움을 극복할 수 있다. 나는 이 두려움을 이겨낼 것이다"라고 써 보십시오.

과연 두려움이 사라질까요?

제가 볼 땐 사라지지 않습니다. 그런데 이 사람은 그렇게 하면 두려움이 사라진다고 했습니다.

이렇게 한다고 두려움이 과연 해결될까요?

해결되지 않습니다.

오늘 저와 여러분들이 만나는 이스라엘 백성들의 두려움, 과연 이 두려움이 "나는 이 두려움을 이겨낼 것이다"라고 글자로 쓰면 해결될 수 있는 두려움일까요?

절대 그렇지 않습니다. 이스라엘 백성들이 당하는 두려움은 죽음을 생각하게 하는 두려움이었습니다. 그냥 단순한 두려움이 아니지요. 불투명한 미래를 향한 두려움의 정도가 아닙니다. 이스라엘 백성들이 겪었던 두려움은 내가 지금 죽게 되었다는 두려움입니다. 어떻게 할 수 없는 두려움, 앞으로 나갈 수도 없고 뒤로 갈 수도 없는 그런 두려움, 다시 말해 죽음을 담보로 하는 두려움이었습니다. 이것이 이스라엘 백성들이 느낀 두려움이었습니다. 이스라엘 백성들이 느낀 두려움이 10절에 나와 있습니다.

> 바로가 가까이 올 때에
>
> 이스라엘 자손이 눈을 들어 본즉
>
> 애굽 사람들이 자기들 뒤에 이른지라
>
> 이스라엘 자손이 심히 두려워하여 (출 14:10).

두려워했다고요?

심히 두려워했습니다. 극도의 두려움이 이스라엘 백성들에게 임했습니다. 일단 이스라엘 백성들이 느끼는 가시적인 현상들이 있었습니다. 이스라엘 백성들을 내보낸 것을 후회하게 된 바로가 병거를 갖춰 이스라엘 백성들을 뒤쫓아갑니다. 이스라엘 백성들이 홍해를 앞에 두고 뒤를 돌아보니까 바로의 군대가 이스라엘 백성들을 추격해오고 있습니다.

사랑하는 성도 여러분!

430년 동안의 종살이로 뼛속까지 노예근성을 가지고 있었던 이스라엘 백성들이 싸우려는 의지가 있었겠습니까?

당시에 장정들만 60만 명, 남녀노소를 합치면 200만의 인구라고 예상할 수 있습니다. 200만 정도면 "부딪혀 한번 싸워보자" 이렇게 할 수 있을 텐데 뼛속까지 노예근성에 사로잡혀 있었던 이스라엘 백성들은 '이제는 죽었다'는 생각에 심히 두려워했습니다.

사랑하는 성도 여러분!

저와 여러분들도 세상을 살아가면서 정말로 두려운 일들을 만날 수 있습니다. 무서운 일들, 때론 욥이 겪었던 고난과 어려움을 만나면 우리는 두려움을 느끼게 됩니다. 이 고난과 어려움을 도대체 어떻게 헤쳐 나갈까 하는 두려움입니다. 두려움이 나에게 왔을 때 어떤 반응을 나타내는지 이스라엘 백성들의 반응과 우리의 반응을 한번 비교해 보십시오.

이스라엘 백성들은 어려움과 고난이 왔을 때, 그러니까 죽음에 가까운 두려움이 엄습해 왔을 때 어떤 반응을 했습니까?

첫째, 원망했습니다.

이 일을 빨리 타개하고 헤쳐 나가려는 창의적이고 도전적인 생각을 해야 하는데 노예근성이 완전히 체질화된 이스라엘 백성들이라 가장 먼저 나오는 것이 원망이었습니다.

그런데 이스라엘 백성들만 원망하나요?

그렇지 않습니다. 우리가 두려움을 느끼고 뭔가 어려움이 왔을 때 가장 먼저 나타나는 반응은 원망하는 것입니다. 가장 먼저 원망하는 건 주변 환경을 탓하고 주변 사람들을 원망합니다.

나에게 왜 이런 어려움이 왔을까?

내가 왜 이렇게 두려워하고 무서워하면서 세상을 살 수밖에 없을까?

왜 나에게 이런 일이 와서 내가 세상 사람들을 두려워하게 되고 세상살이 자체를 무서워하게 됐을까?

"누구 때문이야. 저 사람만 없었다면" 하는 원망입니다.

오늘 이스라엘 백성들의 반응을 보십시오. 이스라엘 백성들의 반응이 바로 원망이었습니다. 10절 끝에 보시면 심히 두려워하여 여호와께 부르짖었다고 나옵니다. 이 부르짖었다는 것은 기도했다는 것이 아니라 'cry out,' 울부짖었다는 뜻입니다.

하나님 앞에 엎드려서 무릎 꿇고 이 어려움을 해결해 달라고 기도해야 하는 것이 이스라엘 백성들 아닙니까?

하나님께서 애굽에서 바로 왕과 많은 술객 앞에서 행하셨던 열 가지 재앙을 보고 체험하고 나온 이스라엘 백성들이라면 하나님 앞에 울부짖으면서,

"주여, 앞에는 홍해가 있고 뒤에는 애굽 군사가 쫓아오고 있나이다. 주여, 도와주시옵소서. 역사하여 주시옵소서."

이렇게 하는 것이 이스라엘 백성들의 참모습인데 우리 하나님 앞에 'cry out' 했다는 것입니다. 기도한 것이 아니라 그냥 부르짖었습니다. 막 울면서 하나님을 원망하고 모세를 탓했습니다.

"모세야, 네가 애굽에 매장지가 없어서 우리를 여기까지 끌고 왔느냐?"

모세를 원망하고 자꾸만 다른 사람들을 원망합니다. 혹시 우리에게는 이런 모습이 없으십니까?

여러분에게 두려움이 있고 지금 고난이 있습니까? 그 고난이 여러분에게 두려움을 주고 있습니까?

그런데 그 원인을 어디에서 찾고 있습니까?

누구에게서 찾고 있습니까?

여러분 옆 사람들에게 원망의 화살을 돌리지 마시기 바랍니다. 원망의 화살을 돌리면 해결책이 나오지 않습니다.

둘째, 두려움에 대한 이스라엘 백성들의 또 다른 반응은 과거에 대한 회상이었습니다.

출애굽기 14:12에 보시면 이렇게 되어 있습니다.

> 우리가 애굽에서 당신에게 이른 말이 이것이 아니냐 이르기를 우리를 내버려 두라 우리가 애굽 사람을 섬길 것이라 하지 아니하더냐 애굽 사람을 섬기는 것이 광야에서 죽는 것보다 낫겠노라(출 14:12).

하나님께서 이적을 베푸시는 가운데에서 이스라엘 백성들은 하나님을 바라보고, 하나님의 이적을 바라보면서 나왔습니다. 그 모든 이적을 경험하면서 나왔는데 지금 말도 안 되는 소리를 하는 것입니다. 우리가 애굽 사람들을 섬기는 것이 훨씬 낫고 애굽 사람들을 섬기는 것이 광야에서 죽는 것보다 낫다는 거예요. 하나님의 능력을 체험하고도 어려움이 오니까 다시 죄악의 소굴로 들어가는 것과 똑같습니다.

마치 성경의 말씀대로 개가 토했던 것을 다시 먹는 것과 똑같습니다. 우리 하나님의 자녀들이 현실의 어려움 때문에 과거 죄의 소굴로 다시 들어간다는 것입니다. 교도소를 갔다 온 사람들이 사회에 나와서 취업을 못 하고 여러 가지 어려움을 많이 겪습니다. 나올 때는 정말로 예수님을 영접하고 예수 믿겠다고, 열심히 살아보겠다고 하지만 막상 나와 보면 현실과 부딪혀 잘되지 않습니다.

현실에 부딪혀보니 내 전과 기록으로는 도저히 안 되겠다는 생각, 현실에 대한 두려움으로 인해 과거의 삶으로 다시 돌아가게 됩니다. 이스라엘 백성들이 그랬습니다.

현실에 대한 두려움에 부딪히니 이렇게 말했습니다.

"내가 왜 나왔을까?"

"애굽 사람들을 섬기는 게 광야에서 죽는 것보다 훨씬 낫지."

과거를 회상하며 자꾸자꾸 과거로 돌아가는 것입니다.

사랑하는 성도 여러분!

현실에 대한 두려움과 어려움에 부딪히면 그 어려움으로 인해 의기소침해지고 두려워서 사람들은 자꾸만 과거의 자기 모습을 떠올립니다.

왜 자꾸만 과거를 곱씹으면서 삽니까?

미래지향적으로 현실에 충성하면서 현재 다니는 교회에 충성하면서 미래를 바라봐야 하는 거 아니겠습니까?

우리가 과거의 역사를 배우는 것은 다른 이유가 아닙니다. 과거의 역사적 교훈을 디딤돌로 삼기 위해서입니다.

저도 학교에서 선교 역사를 가르치는데 역사를 전체적으로 쭉 보는 이유가 무엇일까요?

한국 초대교회사나 세계 초대교회사부터 현대에 이르기까지 우리 신앙의 선배들이 어떤 자세를 가지고 어떤 전략을 가지고 그 시대에 복음을 증거 했는지 그 모든 것을 바탕으로 업그레이드된 전략을 만들어 내기 위해서입니다.

사랑하는 성도 여러분!

여러 가지 일들 때문에 두려움이 있으십니까?

그렇다 해도 과거만을 회상하고 있으면 해결책이 나오지 않습니다. 현실을 바라보시고 미래지향적인 눈을 가지셔야 해결책이 나옵니다. 이스라엘 백성들은 두려움을 가졌습니다. 심히 두려워했고 그래서 원망했습니다. 옆 사람을 원망했고 과거를 회상하면서 과거로 돌아가자고 했습니다. 그때 모세가 하나님 앞에 기도하자 우리 하나님께서 극복책을 주셨습니다.

그게 무엇일까요?

오늘 본문 13절을 보십시오.

> 모세가 백성에게 이르되
> 너희는 두려워하지 말고 가만히 서서
> 여호와께서 오늘 너희를 위하여 행하시는 구원을 보라
> (출 14:13).

사랑하는 성도 여러분!

해결책이 무엇입니까?

두려움을 극복할 수 있는 해결책을 제가 이제 말씀드

릴 텐데 오른편에 "나는 이 모든 두려움을 극복할 수 있다"라고 쓴다고 해서 두려움이 해결되는 거 아닙니다.

첫째, 성경에서는 두려움을 극복하기 위해서는 가장 먼저 구원의 주님을 바라보라고 말씀하고 있습니다.

구원의 주님을 바라볼 때 두려움이 사라지고 어려움이 해결됩니다.

역대하 14장에 보면 유다의 아사 왕이 위기를 만난 이야기가 나옵니다. 아사 왕의 통치 기간에 구스 사람 세라가 유다를 침공합니다. 11절에 보면 아사 왕이 이렇게 말합니다.

> 아사가 그의 하나님 여호와께 부르짖어 이르되 여호와여 힘이 강한 자와 약한 자 사이에는 주밖에 도와 줄 이가 없사오니 우리 하나님 여호와여 우리를 도우소서 우리가 주를 의지하오며 주의 이름을 의탁하옵고 이 많은 무리를 치러 왔나이다 여호와여 주는 우리 하나님이시오니 원하건대 사람이 주를 이기지 못하게 하옵소서(대하 14:11).

여기서 강한 자는 구스 사람 세라를 말합니다. 약한 자는 유다를 가리킵니다. 아사 왕이 위기를 만난 것입니다.

이때 아사 왕은 어떻게 하였습니까?

"여호와 나의 하나님이여 나에게는 주밖에 없나이다."

하나님께 기도합니다.

아사 왕의 기도에서 핵심적인 말이 무엇입니까?

"주밖에 도와줄 이가 없나이다. 주밖에 의지할 분이 없나이다."

그렇습니다.

사랑하는 여러분!

두려움을 이겨내는 길, 위기를 극복하는 길은 "오직 주밖에" 없습니다. 오직 주밖에 없음을 인정하고 하나님의 구원을 바라보는 것입니다. 하나님께서는 위기 중에도 큰 그림을 그리고 계시다는 것을 아셔야 합니다. 구원하시는 하나님의 큰 뜻을 볼 줄 알아야 합니다. 그러면 우리는 두려움을 극복할 수 있습니다. 큰 뜻을 바라봐야 합니다.

나무만 보지 말고 숲을 보라는 말이 있지 않습니까?

하나님의 큰 그림을 보라는 말입니다.

사랑하는 성도 여러분!

하나님께서 굳이 광야로 인도하신 이유가 어디에 있을까요?

가나안 땅에 들어가기 위해서 다른 길로 돌아갈 수도 있었습니다. 그런데 하나님께서 굳이 광야를 거치게 하신 이유가 있었습니다. 광야를 거치기 위해서는 홍해를 갈라야 하고 홍해를 통해서 광야로 들어가야 합니다. 하나님께서 이렇게 이스라엘 백성들을 광야 길로 인도하신 그 뜻이 어디에 있는지를 이스라엘 백성들은 몰랐습니다. 그러나 성경은 분명히 말하고 있습니다. 출애굽기 14:1-4을 보시면 하나님께서 광야 길로 인도하신 이유가 나와 있습니다.

> 여호와께서 모세에게 말씀하여 이르시되
> 이스라엘 자손에게 명령하여
> 돌이켜 바다와 믹돌 사이의 비하히롯 앞
> 곧 바알스본 맞은 편 바닷가에 장막을 치게 하라
> 바로가 이스라엘 자손에 대하여 말하기를
> 그들이 그 땅에서 멀리 떠나
> 광야에 갇힌 바 되었다 하리라
> 내가 바로의 마음을 완악하게 한즉
> 바로가 그들의 뒤를 따르리니

내가 그와 그의 온 군대로 말미암아 영광을 얻어
애굽 사람들이 나를 여호와인 줄 알게 하리라 하시매
무리가 그대로 행하니라(출 14:1-4).

이 말씀을 보시면 하나님께서 광야 길로 옮기셨다는 것입니다. 이스라엘 백성들이 가고 싶어서 간 것이 아니라 하나님께서 그 길로 가게 하셨다는 것입니다. 그 이유는 이스라엘 백성을 쫓아오는 바로에게 여호와의 전능하심을 알게 하기 위해서였습니다.

또 다른 이유는 이스라엘 백성들이 다른 길로 돌아가면 전쟁이 일어날 수 있기 때문입니다. 뼛속까지 노예근성을 가지고 있는 이스라엘 백성들, 이 오합지졸들이 과연 전쟁할 수 있겠냐는 것입니다. 못합니다. 다 죽습니다. 그래서 하나님께서 이스라엘 백성들을 광야 길로 인도하신 것입니다. 하나님의 엄청나게 큰 뜻과 큰 그림을 볼 줄 몰랐기 때문에 이스라엘 백성들은 그냥 원망했습니다. 앞에는 홍해가 있고 뒤에는 애굽 군대가 쫓아오니까 차라리 애굽에 가서 죽는 게 훨씬 낫다고 한 것입니다.

여러분! 혹시 어려운 일이 있습니까?

그로 인해 두려운 마음이 있다면 하나님이 이 일을 통하여 지금 큰 그림을 그리고 계신다는 걸 믿으시기를 예수님의 이름으로 축원합니다. 하나님의 자녀들은 하나님의 섭리 가운데에 있으므로 하나님의 큰 그림을 볼 줄 알아야 합니다. 이 큰 그림을 볼 줄 모르면 작은 일에도 원망하고 울고불고 난리가 납니다. 작은 일에도 죽는 소리합니다.

제가 결혼하기 전에 치질 때문에 병원에 입원한 적이 있었습니다. 수술하기 전에 전체적으로 검사를 하는 중에 결핵을 발견하게 되었습니다. 그것도 결핵 3기였습니다. 그때 의사가 하는 말이 지금 치질이 중요한 게 아니라고 했습니다. 치질은 간단히 고칠 수 있지만, 결핵 때문에 죽을 수도 있다고 했습니다. 청천벽력같은 말이었습니다.

그때 어머니께서는 매일매일 저를 간호하시며 눈물로 기도하셨습니다. 그리고 어머니가 아시는 목사님들이 오셔서 기도해 주셨습니다. 그리고 하나님의 놀라우신 기적 같은 은혜로 일주일 만에 결핵이 다 사라졌습니다. 병원에서 놀랄 정도였습니다.

그 후에 감기가 심해서 병원에서 엑스레이를 찍었는데 의사가 물었습니다.

"목사님, 혹시 예전에 결핵을 앓으신 적 있습니까? 상처가 남아 있네요."

저는 몰랐는데 결핵 흔적이 남아 있다는 것입니다.

여러분, 큰 그림을 봐야 합니다. 만약에 치질이 아니었으면 병원에 안 갔을 텐데 하나님이 결핵을 치료해 주시려고 치질을 발생시키셔서 그림을 그리신 것입니다.

성도 여러분, 주변에서 일어나는 작은 일들 때문에 원망하지 말고 우리 하나님의 큰 그림을 볼 줄 아는 성도님들이 되시기를 예수님의 이름으로 축원합니다.

그러니까 사업이 좀 안 돼도 걱정하지 마세요. 내가 하나님 앞에 올바르게 서 있고 하나님 앞에 충성하고 삶 속에서 최선을 다하면 우리 하나님께서 엄청나게 부어주실 줄로 믿으시기 바랍니다. 큰 그림을 그리시는 구원하시는 주를 바라봐야 합니다. 이것이 두려움을 극복하는 길입니다.

둘째, 두려워하지 말라고 말씀하시는 분이 누구인가를 인정하는 것입니다.

제가 여러분에게 "무슨 일이 있더라도 두려워하지 마십시오, 걱정하지 마십시오"라고 해도 두려움은 사라지지 않습니다. 그러나 여러분과 저에게 두려워하지 말라고 말씀하시는 분이 누구냐는 거예요. 그분을 인정하시면 됩니다. 그분은 우리를 창조하신 여호와

이십니다. 그분은 우리를 지으신 분이십니다. 그분은 우리에게 두려워하지 말라고 말씀하시는 분이십니다. 그분은 우리를 구속하신 분이십니다. 그리고 최종적으로 우리에게 말씀하시는 분이십니다.

> 내가 너를 지명하여 불렀나니 너는 내 것이라(사 43:1).

할렐루야. 우리는 하나님의 자녀입니다 하나님의 자녀는 하나님께서 책임져 주십니다. 온 우주 만물을 통치하시고 지배하시고 사람의 생사화복과 흥망성쇠를 한 손에 쥐고 계시는 분, 바로 우리 하나님이 여러분을 향해서 두려워하지 말라고 말씀하십니다. 그러면 두려워하지 말아야 합니다. 그분으로 인해 우리가 두려워하지 않을 수 있습니다.

셋째, 두려움을 극복하는 마지막 방법은 두려운 일이 발생했을 때 가만히 있는 것입니다.

이게 두려움을 극복하는 방법입니다. 내가 할 수 있는 일이라면 최선을 다해야 합니다. 왜냐하면, 여러분에게 힘과 이성을 주신 것은 삶을 헤쳐 나가라고 하나님께서 주신 것입니다. 그런데 어떤 경우에는 정말로 내 뼈를

녹이는 두려움이 올 수도 있습니다.

하박국 선지자의 경험을 들어보십시오.

> 내가 들었으므로 내 창자가 흔들렸고 그 목소리로 말미암아 내 입술이 떨렸도다. 무리가 우리를 치러 올라오는 환난 날을 내가 기다리므로 썩이는 것이 내 뼈에 들어왔으며 내 몸은 내 처소에서 떨리는도다(합 3:16).

하박국 선지자는 바벨론의 말발굽 소리가 들려왔을 때 창자가 녹아내릴 것 같은 두려움, 온몸이 부들부들 떨리는 두려움, 이런 두려움을 겪었습니다. 상상할 수 없는 두려움이 혹시라도 우리 앞에 놓여 있다면 그때는 가만히 있는 것이 두려움을 극복하는 방법입니다.

싸우려고도 하지 마십시오.

오늘 이스라엘 백성들에게 모세가 말하는 게 무엇입니까?

"가만히 있어라. 여호와께서 너희를 위하여 싸우시리니."

최종적으로 두려움을 극복하는 방법은 가만히 있는 것입니다. 그리고 하나님께서 싸우시게 하는 것입니다. 그러면 해결됩니다.

유다의 여호사밧 왕이 있었습니다. 여호사밧 왕이 아람과 큰 전쟁을 했는데 아람이라는 나라는 강대국이었습니다. 이 강대국이 유다 작은 나라에 쳐들어 왔습니다. 역대하 20:3에 보시면 여호사밧이 두려워했다고 나와 있습니다. 그 전쟁의 소문을 듣고 두려워하여 여호와께로 낯을 향하여 간구하고 온 유다 백성에게 금식하라 공포합니다.

이게 무슨 뜻입니까?

가만히 있는 것입니다. 그리고 하나님께 기도합니다. 역대하 20:12을 보겠습니다.

> 우리 하나님이여 그들을 징벌하지 아니하시나이까
> 우리를 치러 오는 이 큰 무리를
> 우리가 대적할 능력이 없고
> 어떻게 할 줄도 알지 못하옵고(대하 20:12).

여호사밧은 계속해서 말했습니다.

"대적할 능력이 없고 어떻게 할 줄도 알지 못하옵고 오직 주만 바라보나이다."

그때 주님께서는 뭐라고 하십니까?

"두려워하거나 놀라지 말라. 이 전쟁은 너에게 속한

것이 아니요 하나님께 속한 것이니라."

하나님께서 싸워 주시겠다는 말씀입니다.

사랑하는 성도 여러분!

이런저런 일들로 힘든 삶을 살 수도 있습니다. 그 힘든 삶이 내 마음속에 두려움으로 자리 잡을 수도 있습니다. 그러나 이것이 지극히 당연한 현상이라고 생각하고 넘어갈 문제는 아닙니다. 하나님의 자녀들은 두려움을 극복하고 이겨내야 합니다. 그리고 자유롭고 즐겁게 하나님이 주신 은혜를 누리며 살아야 합니다.

그러기 위해서는 어떻게 해야 합니까?

구원하시는 주를 바라봐야 합니다. 구원의 주님, 구원의 하나님께서 우리에게 두려워하지 말라고 말씀하셨기 때문에 두려워하지 마시기 바랍니다. 또한, 구원의 주님은 내가 할 수 없는 모든 일을 대신 싸워주신다는 것을 꼭 기억하셔서 두려움 없이 강하고 담대하게 하나님이 주신 진리 안에서 자유를 마음껏 누리며 사시는 성도님들이 다 되시기를 예수님의 이름으로 축복합니다.

4
믿음의 가문

여호와께서 아브람에게 이르시되 너는 너의 고향과 친척과 아버지의 집을 떠나 내가 네게 보여 줄 땅으로 가라 내가 너로 큰 민족을 이루고 네게 복을 주어 네 이름을 창대하게 하리니 너는 복이 될지라 너를 축복하는 자에게는 내가 복을 내리고 너를 저주하는 자에게는 내가 저주하리니 땅의 모든 족속이 너로 말미암아 복을 얻을 것이라 하신지라(창 12:1-3).

4대, 5대째 예수를 믿는 친구들이 주위에 많습니다. 그런 친구들을 보면 아주 부럽습니다. 물론 저도 믿음의 대수로 따지면 3대째 예수를 믿고 있는데 그렇게 보면 저도 행복한 사람임이 틀림없습니다. 그래서 저는 언제나 어머니께 감사합니다. 저의 어머니는 예수를 믿지 않는 가정에 시집오셨습니다.

그 옛날 예수 믿는 여인이 예수 안 믿는 집에 시집왔으니 얼마나 힘들었겠습니까?

교회 다닌다고 얼마나 구박이 심했는지 모릅니다. 그래도 어머니는 삼 형제를 데리고 빠짐없이 교회 다니셨고 결국은 온 식구들을 예수 믿게 했습니다. 감사하게도 저의 아버님은 장로님으로 주님과 교회를 섬기시다가 하나님 나라 가셨고, 큰 아버님, 작은 아버님은 장로님으로, 고모님은 목사 사모님으로 교회를 섬기시고 계십니다. 그리고 그 후손들 가운데 저를 비롯해 목사가 5명입니다.

그래서 저는 모태에서부터 교회에 다니게 해주신 어머니께 감사하고 있습니다. 언제나 하나님 앞에 기도하는 제목 가운데 하나가 있습니다.

"하나님! 장로님 가정의 후손들입니다."

저의 기도 제목입니다.

"저희 아버님이 장로님이셨으니까 장로님 가정의 후손들이 본이 되어야 합니다. 신앙의 본이 되어야 하고 믿음의 본이 되어야 하고 장로님 가정의 자녀들이 잘 되어야 합니다."

간절히 기도합니다. 늘 이런 기도 제목을 가지고 새벽에 기도합니다. 그러면서 저는 믿음의 가문에 대해 생각해 보았습니다. 믿음의 가문을 끝까지 유지하고 믿음의 전통을 유지해 나간다는 건 상당히 어려운 일입니다. 장로의 자녀들, 목사의 자녀들이라 할지라도 빗나간 자녀들이 많습니다. 본이 안 되게 신앙생활을 하는 자녀들이 수없이 많습니다. 믿음의 전통을 지키지 못하는 것이지요.

단순히 내가 교회 목사고 내가 교회 장로니까 그 후손들이 존경받고 신앙생활을 잘할 것이다!

그건 아닙니다. 목사의 자녀라 할지라도 그 자녀 스스로 예수 그리스도를 인격적으로 만나야 합니다. 그래야 믿음의 전통을 지켜나갈 수 있는 것입니다.

그럼, 여러분 스스로가 이제부터 믿음의 조상이 되어보는 건 어떨까요?

여러분 스스로가 '이제부터 내가 우리 집안을 믿음의 가문으로 일으키겠다' 그렇게 한번 결심해 보시기 바랍니다.

"내 위의 대는 왜 예수를 몰랐을까?"

이렇게 원망하고 좌절할 필요 전혀 없습니다. 왜냐하면, 여러분이 믿음의 시조가 되면 되기 때문입니다. 믿음의 가문의 조상이 되는 놀라운 복이 여러분에게 있기를 예수님의 이름으로 축복합니다.

그래서 저는 오늘 믿음의 가문을 일으킨 한 사람을 여러분에게 소개하고자 합니다. 믿음의 가문을 일으킨 사람, 믿음의 조상이 된 사람 그래서 오늘날 후손들까지도 이 사람을 가리켜서 '믿음의 조상'이라고 말하는 사람. 그 사람은 바로 아브라함입니다. 아브라함은 믿음의 조상이 되었습니다.

단지 그의 믿음이 강해서, 그의 믿음이 단단해서 그를 가리켜 믿음의 조상이라고 말하는 것은 아닙니다. 이 사람 스스로가 믿음의 가문을 일으켰고 이 사람 스스로가 믿음의 시조가 되었기 때문에 믿음의 조상이라 하는 것입니다.

믿음의 가문을 일으킨 아브라함, 이 얼마나 위대한 사람입니까?

믿음의 가문을 일으킨 이 아브라함은 도대체 어떻게 했길래 믿음의 가문을 일으킬 수 있었는지, 어떻게 믿음의 시조가 될 수 있었는지 그리고 믿음의 시조가 되었던 아브라함에게 하나님께서는 어떤 복을 주셨는지 이 두 가지 주제를 가지고 생각해 보도록 하겠습니다.

오늘 말씀에 보시면 한 가지 아주 큰 힌트가 주어지고 있습니다. 창세기 12:1을 보겠습니다.

> 여호와께서 아브람에게 이르시되
> 너는 너의 고향과 친척과 아버지의 집을 떠나
> 내가 네게 보여 줄 땅으로 가라(창 12:1).

여기 보시면 '떠나'라는 말이 있습니다. 떠나야 한다는 말입니다. 믿음의 조상이 되려면 떠나는 행동이 있어야 합니다. 신앙은 하나님의 복을 믿고 떠나는 것입니다.

어떤 목사님이 "신앙은 모험이 필요하다" 이런 표현을 사용하시더라고요. 그렇습니다. 모험적인 신앙을 가지셔야 합니다. 과거에 매여서 떠나지 못하면 우리는 믿음의 조상이 될 수가 없습니다. 신앙이 클 수가 없습니다. 믿음이 강해질 수가 없다는 얘기입니다. 신앙은 순종함으로 떠나는 삶을 사는 것입니다.

그럼 아브라함은 어떤 상황에서 떠났고 어떻게 믿음의 조상이 되었을까요?

그리고 우리는 어떤 상황에서 떠나야 하며 우리가 어떻게 해야 믿음의 시조가 될 수 있을까요?

사랑하는 성도 여러분!

아브라함은 우상 숭배의 죄로부터 떠났습니다. 성경에 보시면 아브라함부터 하나님을 믿은 것이 아닙니다. 아브라함은 셈족 가운데 한 사람이고 아브라함의 아버지는 데라입니다. 셈족 출신이기 때문에 아브라함의 아버지 데라도 하나님을 믿었습니다. 노아의 후손들 셈, 함, 야벳 가운데 셈족은 하나님의 복을 받은 민족입니다. 셈족 가운데에서 아브라함이 출생했기 때문에 아브라함의 아버지 데라도 여호와 하나님을 알고 있었던 사람이라는 것을 우리가 짐작할 수 있습니다.

그러므로 믿음의 조상이라고 해서 아브라함 때부터 하나님을 알았다는 것이 아닙니다. 아브라함을 하나님이 선택하셨고 철저한 믿음, 떠나는 믿음이 아브라함에게 있었기 때문에 아브라함을 믿음의 시조라고 하는 것입니다. 아브라함은 우상 숭배의 죄로부터 떠났습니다.

우상 숭배 죄?

아브라함이 우상 숭배를 했다?

그것이 아니지요. 여호수아 24:2에 보시면 아브라함의 아버지 데라가 다른 신을 섬겼다고 했습니다. 뿐만 아니라 데라는 우상을 만드는 자였습니다.

하나님을 철저히 알고 의지하며 사는 사람이라면 우상 숭배를 하지 않을 뿐 아니라 만들지도 않을 것입니다. 나무나 돌로 어떤 형상도 만들지 않을 것입니다.

그런데 아브라함의 아버지 데라는 하나님을 철저히 믿는 신앙이 부족했기 때문에 우상을 만드는 직업을 갖게 되었고 그 직업으로 인해서 우상에게 어느 정도 마음이 빼앗긴 상태였다고 추론할 수 있습니다. 아브라함의 가정이 이런 형편에 있었으나 아브라함은 우상 숭배의 죄로부터 떠났습니다.

우리가 알고 있듯이 아브라함이 아버지 데라의 우상을 다 부숴버리지 않았습니까?

이런 이야기가 있습니다. 아버지 데라가 우상을 제작하는 모습이 아브라함은 못마땅했습니다.

'어떻게 하나님을 믿으면서 우상을 만들어?'

이렇게 생각했습니다. 그러던 어느 날 아버지 데라가 밖에 나가면서 아브라함에게 말합니다.

"아브라함아, 내가 나갔다 올 테니 우상을 잘 지키고 있어라. 그리고 누가 와서 사려고 하면 얼른 팔아라."

평소에 기회를 엿보고 있었던 아브라함은 "잘됐다, 내 이 우상들을 다 부숴버리리라" 하고 몽둥이를 가지고 와서 우상들을 다 부숴버렸습니다. 그리고는 밥을 가지고 와서 그 우상의 입에다 밥을 넣고서 시치미 뚝 떼고 있었습니다.

아버지가 외출했다가 돌아와서 이 광경을 보고 얼마나 놀랐겠습니까?

"아브라함아, 도대체 이게 어떻게 된 일이냐?"

아브라함이 말합니다.

"아버지께서 이 우상님들을 잘 돌보라고 해서 제가 잘 돌보고 있었습니다. 그러다가 우상님들께서 배가 고프실까 봐 제가 밥을 좀 가져다가 우상님들의 입에 갖다 주었는데 얼마나 배가 고프셨는지 서로 달려들어 밥을 뺏어 먹으려고 싸우다가 이렇게 되었습니다."

그때 아버지 데라가 말하지요.

"야, 이 못된 놈아. 그게 말이 되는 소리냐?"

"입도 없고 코도 없고 숨도 못 쉬는 우상이 무슨 밥을 먹느냐?"

그러자 아브라함이 말했습니다.

"움직이지도 못하고 밥도 못 먹고 생각도 못 하는 우상을 아버지는 왜 만드십니까? 왜 만드셔서 하나님을 욕되게 하십니까?"

그래서 다 부숴버리고 아브라함은 그 우상으로부터 떠났습니다. 그래서 아브라함은 믿음의 시조가 될 수 있었습니다. 여러분, 여러분이 믿음의 가문을 잇고 또 여러분이 믿음의 조상, 믿음의 시조가 되려면 우상 숭배로부터 떠나야 합니다.

그러면 우리의 우상은 무엇입니까?

첫째, 물질이 우상입니다.

물질의 우상으로부터 떠나야 합니다. 돈만 강조하는 인생으로부터 떠나야 합니다. 돈에 목숨 걸고 돈 때문에 거짓말하고 돈 때문에 사람 죽이고 돈 때문에 형제끼리 싸우고 돈 때문에 부모 자식도 모르고 돈 때문에 주일을 범하게 됩니다. 이 우상으로부터 떠나야 합니다. 야고보 사도는 분명히 말했습니다. 너희가 하나님과 돈을 같이 섬길 수 없다고 말입니다.

한 남자가 아파트 분양을 받기 위해 청약을 하는데 세 자매와 차례로 결혼하는 이런 일이 대한민국에서 벌어지고 있습니다. 이것이 바로 물질의 우상입니다. 돈의 우상입니다. 돈의 우상으로부터 떠나야 합니다.

둘째, 자녀의 우상으로부터 떠나야 합니다.

자녀 때문에 주님을 멀리하고 자녀가 주님을 떠나서 사는데 아무 말도 못하고 자녀가 하나님의 말씀대로 살지 않는데도 그냥 보고만 있는 부모들이 있습니다.

이게 자녀에 대한 사명입니까?

자녀를 기도로 양육하고 자녀가 하나님 말씀대로 살도록 자녀에게 하나님 말씀을 가르치고 옆에서 코치하는 것이 부모의 사명입니다. 돈 대주고, 좋은 거 사주고, 기 안 죽이려고 좋은 옷 사주고, 해 달라는 것 다 해주는 것은 자녀를 죽이는 겁니다.

여러분들은 지금 자녀를 죽이고 있는지 살리고 있는지 한번 생각해 보시기 바랍니다. 믿음의 가문을 잇는다는 것은 그 자녀에게 신앙을 전수하는 것입니다. 신앙을 전수하고 믿음을 전수해야지 돈을 전수하면 안 됩니다. 그 자녀를 망치게 됩니다.

믿음을 전수하면 그 자녀는 어떤 상황과 환경 속에서도 살아갈 수 있습니다. 하나님이 그 자녀를 이끄시기 때문입니다. 그런데 자녀에게 돈을 많이 물려줘 보십시오. 일도 안 하고 매일 놀고먹기만 합니다. 그러다가 망하는 겁니다. 이런 자녀의 우상으로부터 떠나셔야 합니다. 그래야 여러분들께서 믿음의 조상이 될 수가 있습니다.

아브라함은 또 어디에서 떠났나요?

아브라함의 생애를 보니까 아브라함은 세상으로부터 떠났습니다. 여러분, 믿음의 시조가 되려면 세상으로부터 떠나야 합니다. 세상으로부터 떠나야 한다니까 기도원에서 평생 기도하면서 살아야 하는 것으로 오해하기 쉽습니다. 그게 아니라 세상으로부터 떠난다는 것은 세상의 풍습과 관습, 가치관으로부터 떠나야 한다는 말입니다.

믿음의 시조가 되려면 세상의 가치관을 버리고 하나님을 인생의 목적으로 삼고 하나님을 좇는 그런 인생으로 바뀌어야 합니다. 세상의 풍습과 가치관을 따르지 말라는 뜻입니다. 세상에서 가지고 있었던 세계관을 완전히 뒤집어엎어서 하나님을 바라보는 하나님 중심의 세계관을 가져야 합니다. 이렇게 해야 믿음의 시조가 되는 것입니다. 여러분들이 예수를 믿기 전과 후의 세상을 사는 목적이 달라져야 한다는 것입니다.

예수 믿기 전에는 세상을 사는 목적이 무엇이었습니까?

여러분 자신을 한번 생각해 보십시오.

예수 믿기 전, 교회 다니기 전에 세상을 사는 목적은

더 많은 것을 가지려고, 자녀들 훌륭하게 키우기 위해서였습니다. 그것도 좋습니다. 그러나 예수를 믿는다면 목적이 달라져야 합니다.

어떻게 달라집니까?

하나님의 영광을 위해서. 할렐루야!

"내가 하나님의 영광만을 위해서 살겠나이다. 주님이 원하시면 내가 무엇을 못하겠습니까?"

이런 자세를 가지고 살아야 합니다. 이게 바로 바뀌는 것입니다. 세상을 보는 눈이 달라지는 것이지요. 그러니까 세상으로부터 떠나야 한다는 말입니다. 세상을 보는 세계관이 달라집니다. 예수를 믿은 다음에 사람을 보는 눈이 달라집니다. 예수를 믿은 다음에는 돈을 보는 눈이 달라집니다. 예수를 믿은 다음에는, 예수님을 인격적으로 만나면 교회를 보는 눈이 달라집니다. 목사를 보는 눈도 달라집니다. 완전히 달라지는 것입니다.

이게 바로 세상으로부터 떠나는 것입니다. 여러분이 가지고 있었던 세상의 관습과 습관으로부터 다 떠나야 합니다. 그래야 믿음의 시조가 될 수 있습니다.

아브라함은 또 어디에서 떠났나요?

아브라함을 보면서 우리가 배울 수 있는 것은 바쁜

일로부터 떠나야 한다는 것입니다. 어떤 목사님이 이 본문을 주석한 내용을 보니까 "바쁜 일로부터 떠나는 것이 바로 떠남이다"라고 했습니다. 우리가 믿음의 시조가 되고 주님을 잘 섬기고 믿음의 가문을 이으려면 신앙생활을 잘해야 하는데 신앙생활을 잘하려면 바쁜 일로부터 좀 자유로울 필요가 있습니다.

무한 경쟁 시대가 되다 보니까 뭐든지 '빨리빨리'를 강조하고 내가 오늘 뭘 안 하면 다른 사람에게 뒤처지는 것처럼 생각하는 경우가 많습니다. 그래서 우리는 우리의 몸을 돌보지 않고, 우리의 삶을 돌보지 않고, 교회를 돌보지 않고, 하나님을 생각하지 않고 그저 열심히 바쁘게 뜁니다.

그렇게 열심히 뛰어서 남은 게 무엇입니까?

여러분! 한번 생각해 보실 필요가 있습니다. 열심히 뛰는 거 좋습니다. 그러나 목표를 정확히 알고 뛰어야 합니다.

하나님의 영광을 위해서 뛰어야 하는 것 아니겠습니까?

그런데 방향도 없고 목적도 없이 그냥 무조건 바쁘기만 합니다. 이런 일로부터 떠나야 합니다. 여호와 하나님의 영광을 드러내는 일에 바빠야 하는데 다른 일에 바쁩니다. 놀러 다니는 일에 바쁘고 돈 버는 일에 바빠서 주님을 멀리하고 교회를 등한시합니다. 우리 하나님이 기뻐하지 않으시는 일입니다.

믿음의 시조가 되려면, 믿음의 전통과 믿음의 가문을 여러분의 가정에 이어가려면 여호와 하나님을 섬기는 일에 가장 많은 투자를 하셔야 합니다. 이게 바로 떠나는 것입니다.

아브라함이 믿음의 시조가 될 수 있었던 것은 떠났기 때문입니다. 우상 숭배로부터 떠나고 세상의 가치관, 세상의 세계관으로부터 떠나고 바쁜 일로부터 떠났습니다. 떠나야만 믿음의 시조가 될 수 있는 것입니다. 아브라함은 떠났습니다.

그랬더니 아브라함에게 어떤 복을 하나님이 약속하셨습니까?

여러분이 떠나면 하나님이 약속을 주십니다.

하나님께서 아브라함에게 말씀하지 않으셨습니까?

"떠나라. 네 본토 친척 아비 집을 떠나라."

그리고 하나님은 약속을 주셨습니다.

"네가 떠나면 내가 복을 주리라."

바로 이것입니다. 우리가 믿음의 시조가 되기 위해서 떠나면 하나님의 복이 따라온다는 얘기입니다.

사랑하는 성도 여러분!

그 복이 어떤 복인지 한번 보실까요?

> 내가 너로 큰 민족을 이루고
> 네게 복을 주어 네 이름을 창대하게 하리니(창 12:2).

하나님께서 약속하신 복이 무엇입니까?

첫째, 네가 믿음의 조상이 되기 위해서 떠나면 네 이름을 창대하게 해주겠다는 것입니다.

네 이름을 창대하게 해 준다는 게 무슨 뜻일까요?

유명하게 해준다는 말일까요?

이 말도 맞습니다. 그러나 보다 더 중요한 것은 다른 사람들에게 존경받는 인물이 되게 해 주겠다는 말입니다. 여러분, 이것이 굉장히 중요합니다.

누군가 내 이름을 들었을 때 어떤 이미지가 떠오르게 될까요?

어떤 사람이 나의 이름을 듣고 떠 오르는 것이 있습니다.

"아! 그 사람 거짓말쟁이. 가식 덩어리. 겉 다르고 속 다른 표리부동한 인물."

이런 말이 나와서는 안 된다는 것입니다. 우리가 믿음의 조상이 되기 위해서 떠나면 우리 이름을 존경받는 이름으로 만들어 주겠다고 하나님께서 약속하셨습니다. 이름만 들어도 고개를 수그리게 되는 그런 인물 말입니다.

사랑하는 성도 여러분!

여러분의 이름만 들어도 많은 사람이 우러러보고 존경하는 여러분이 되시기를 예수님의 이름으로 축복합니다.

둘째, 여러분이 믿음의 시조가 되기 위해서 떠나면 하나님께서 번성의 복을 주시겠다고 약속하셨습니다.

오늘 말씀 2절에 계속 보시면 이렇게 말씀하셨습니다.

내가 너로 큰 민족을 이루고 네게 복을 주어(창 12:2).

내가 너로 큰 민족을 이룬다는 것은 후손들이 번창하고 잘되는 복을 주시겠다는 말입니다. 우리나라의 길선주 목사님을 통해 일어났던 부흥의 역사가 18세기 영국 뉴잉글랜드에서도 일어났었는데, 뉴잉글랜드의 대각성 부흥운동을 일으킨 조나단 에드워즈라는 분이 계셨습니다. 조나단 에드워즈와 동시대에 살았던 어떤 악명 높은 죄수가 있었는데 조나단 애드워즈의 후손들과 그 죄수의 후손들을 비교한 재미있는 조사가 있었습니다.

조나단 애드워즈의 후손들 가운데에는 목사가 많이 나왔다고 합니다. 부통령, 대법원장, 국회의원, 대학교수, 신문사 편집장, 이런 인물들이 나왔다고 합니다. 그런데 악명 높은 죄수의 후손들은 깡패, 창녀, 그리고 정신질환자가 수없이 나왔다는 통계가 나왔습니다.

이 통계만 봐도 우리가 알 수 있지 않습니까?

우리가 믿음의 시조가 되기 위해서 우상 숭배로부터 떠나고 세상의 가치관이나 세계관으로부터 떠나고 오직 주님을 위해서 살기를 결심하면 우리 하나님께서 우리 후손들에게 복을 주신다는 것입니다.

여러분의 후손들이 복을 받습니다. 여러분들도 잘되어야 하지만 여러분의 후손들이 잘되어야 합니다. 여러분이 믿음의 가문을 일으키면, 여러분이 믿음의 시조가 되면 여러분의 후손들을 하나님께서 복되게 하신다는 말씀입니다. 한마디로 여러분의 후손들을 하나님이 도와주셔서 떵떵거리는 인생, 많은 사람이 존경하는 그런 인물들로 만들어 주시겠다는 것입니다.

그러니까 우리가 신앙생활을 얼마나 잘해야 하겠습니까?

우리가 믿음의 조상이 되면 됩니다. 우리가 믿음의 시조가 되면 조나단 에드워즈 목사님의 후손들처럼 여러분의 후손이 복을 받습니다.

셋째, 철저한 보호를 약속하셨습니다.

믿음의 길을 떠나는 아브라함, 믿음의 시조가 되기 위해서 떠나는 아브라함에게 하나님께서 보호의 약속을 해주셨습니다. 오늘 3절 말씀에 가서 보시면 이런 내용이 있습니다.

> 너를 축복하는 자에게는 내가 복을 내리고
> 너를 저주하는 자에게는 내가 저주하리니
> 땅의 모든 족속이 너로 말미암아
> 복을 얻을 것이라 하신지라(창 12:3).

너를 축복하는 자에게는 내가 복을 내리고 너를 저주하는 자에게는 내가 저주한다는 것은 철저한 하나님의 보호 약속입니다. 네가 믿음의 시조가 되기 위해서 하나님만을 바라보면서 길을 떠났으니 너의 모든 일거

수일투족을 내가 철저히 보호해 주겠다는 말씀입니다.

성도 여러분! 우리가 믿음의 눈을 가지고 주님만 바라보고 길을 떠나면, 믿음의 눈을 가지고 주님만 바라보면서 인생을 살면 하나님께서 여러분을 철저히 보호하십니다. 철저히 지켜주십니다. 이분이 우리 하나님이십니다.

사랑하는 성도 여러분!

믿음의 시조가 되시기를 바랍니다. 여러분이 믿음의 가문을 일으키시기 바랍니다. 그래서 여러분의 후손들이 복을 받는 정말로 복된 가문들이 여러분들로부터 시작되기를 예수님의 이름으로 축복합니다.

5
믿음과 염려

그러므로 내가 너희에게 이르노니 목숨을 위하여 무엇을 먹을까 무엇을 마실까 몸을 위하여 무엇을 입을까 염려하지 말라 목숨이 음식보다 중하지 아니하며 몸이 의복보다 중하지 아니하냐 공중의 새를 보라 심지도 않고 거두지도 않고 창고에 모아들이지도 아니하되 너희 하늘 아버지께서 기르시나니 너희는 이것들보다 귀하지 아니하냐 너희 중에 누가 염려함으로 그 키를 한 자라도 더할 수 있겠느냐 또 너희가 어찌 의복을 위하여 염려하느냐 들의 백합화가 어떻게 자라는가 생각하여 보라 수고도 아니하고 길쌈도 아니하느니라 그러나 내가 너희에게 말하노니 솔로몬의 모든 영광으로도 입은 것이 이 꽃 하나만 같지 못하였느니라 오늘 있다가 내일 아궁이에 던져지는 들풀도 하나님이 이렇게 입히시거든 하물며 너희일까보냐 믿음이 작은 자들아 그러므로 염려하여 이르기를 무엇을 먹을까 무엇을 마실까 무엇을 입을까 하지 말라 이는 다 이방인들이 구하는 것이라 너희 하늘 아버지께서 이 모든 것이 너희에게 있어야 할 줄을 아시느니라 그런즉 너희는 먼저 그의 나라와 그의 의를 구하라 그리하면 이 모든 것을 너희에게 더하시리라 그러므로 내일 일을 위하여 염려하지 말라 내일 일은 내일이 염려할 것이요 한 날의 괴로움은 그 날로 족하니라 (마 6:25-34).

세상에 염려 없이 살아가는 사람이 있을까요?

염려 없이 살아가는 사람은 아무도 없습니다. 과거에도 그렇지만 현대인들은 수많은 걱정과 염려를 하며 살아가고 있습니다.

미국의 한 대학교 심리학팀이 연구한 결과를 보면 염려와 걱정을 하는 사람들의 40%는 일어나지 않은 일을 걱정하고 있고, 30%는 이미 일어난 일을 걱정하고 있고, 22%는 아주 사소한 일을 걱정하고 있으면, 4%는 어쩔 수 없는 일을 걱정하고 있고, 4%만이 정말 걱정할 만한 가치가 있는 일을 걱정한다고 합니다. 통계에서 보듯이 열이면 열 모두 쓸데없는 걱정과 염려를 하며 살아가고 있습니다.

무엇을 염려합니까?

사람마다 정도와 내용의 차이는 있지만, 그 뿌리를 추적하다 보면 귀결되는 하나의 원인이 있습니다. 오늘 본문에서 예수님께서 말씀하셨듯이 "목숨을 위하여" 염려하는 것입니다. 즉 생명의 안전과 건강, 이것이 염려의 뿌리입니다.

실제로 이 시대에 많은 사고와 사건이 일어나고 과거에 알지 못했던 질병에 많은 사람이 노출되어 있습니다. 한 해의 교통사고 사망률이 세계 최고의 나라이다 보니

가족들이 모두 귀가하기 전까지 안심할 수 없습니다. 공기가 안 좋고 미세먼지가 우리의 건강을 위협합니다. 그러니 건강에 대해 염려가 안 될 수 없습니다.

성경에서 가장 부요하게 살다가 간 사람이라면 이스라엘의 왕 솔로몬을 들 수 있습니다.

그러나 그런 솔로몬도 말년에 "인생이 무엇인가?"라는 질문에 "평생 근심하면서 수고하다 가는 것"이라고 고백했습니다.

이런 면에서 볼 때 "그러므로 내가 너희에게 이르노니 목숨을 위하여 무엇을 먹을까 무엇을 마실까 몸을 위하여 무엇을 입을까 염려하지 말라"(마 6:25)고 하시는 예수님의 말씀에 전혀 공감도 가지 않고 동의도 할 수 없다는 생각이 듭니다.

그러나 염려를 정당화시키는 것은 하나님의 자녀답지 못하고 예수님의 제자로서도 어울리지 않는다는 것이 본문의 내용입니다. 그래서 저는 염려를 하지 말아야 할 이유, 그리고 염려를 하지 않을 수 있는 비결을 소개하고자 합니다.

예수님께서 왜 염려하지 말라고 하셨습니까?

첫째, 염려는 무익하기 때문입니다.

27절을 보겠습니다.

> 너희 중에 누가 염려하므로 그 키를 한 자라도 더할 수 있겠느냐(마 6:27).

여기서 말하는 '키'는 '헬리키아'라는 헬라어를 사용합니다. 이 단어는 두 가지 의미가 있습니다. 하나는 '키'(stature)입니다. 사람이 염려함으로 키를 자라게 할 수 있느냐는 것입니다.

또 하나는 '생명의 연장'(a single hour)입니다. 염려한다고 해서 생명을 한 시간이라도 더 늘릴 수 있느냐는 것입니다. 안 됩니다. 우리가 염려한다고 해서 생명을 1년을 연장할 수 있다면 염려하면서 살 것을 저도 권하겠습니다. 못합니다. 우리의 인생은 참으로 짧습니다.

시편 기자는 말했습니다.

> 주께서 나의 날을 한 뼘 길이 만큼 되게 하시매(시 39:5).

너무나 짧은 우리의 인생임을 보여주고 또한 주께서 우리의 날을 정하셨다는 것을 알 수 있습니다. 주께서

정하신 날 수를 우리가 마음대로 연장할 수 없습니다. 우리가 염려한다고 해도 되는 것이 아닙니다. 그러니 염려하며 산다는 것은 참으로 무익한 일입니다.

감리교 목사로 한때 유명했던 웰치 감독의 말을 떠올려 봅니다. 한 기자가 물었습니다.

"목사님, 101세이십니다. 남은 생을 생각하면 걱정 안 되십니까?"

"나는 30년 전 70대에 은퇴했는데 그때야 비로소 깨달은 중요한 진리가 하나 있다네. 나는 일평생 살아오면서 부끄럽지만, 목사로서 매일 염려를 끌어안고 살았어. 날마다 염려하고 근심하며 살았는데 나중에 은퇴할 때 내가 살아온 삶을 돌아보니 내가 염려하던 일이 실제로 일어난 것은 거의 없었어."

일어나지도 않는 일을 평생을 염려하며 산 것이지요.

사랑하는 성도 여러분!

우리가 살아가면서 염려하는 것들이 실제로 일어나는 것은 거의 없다는 것을 알 수 있습니다. 그러니 염려는 무익한 것입니다.

둘째, 염려는 어리석기 때문입니다.

34절을 보겠습니다.

> 그러므로 내일 일을 위하여 염려하지 말라 내일 일은 내일이 염려할 것이요 한 날의 괴로움은 그 날로 족하니라 (마 6:34).

내일이라는 시간이 나에게 아직 오지도 않았는데 미리 당겨서 걱정합니다. 미래의 일을 미리 걱정하는 것을 한 단어로 말하면 '혹시'라는 단어입니다. 혹시 내가 중한 병에 걸리지나 않을까, 혹시 실직하지나 않을까, 혹시 자동차 사고를 당하지나 않을까, 우리 자녀들에게 무슨 안 좋은 일이 일어나면 어쩌나, 이렇게 아직 아무것도 일어나지 않았는데 혼자 생각하고 혼자 각종 안 좋은 시나리오를 써가면서 '혹시,' '혹시'로 자신의 현재의 삶을 채웁니다.

이 얼마나 어리석은 삶인가?

이 염려가 부풀어 오르면 터지게 됩니다. 그래서 두려움이 찾아오고, 의심이 많아지고, 조급해지기도 하고 우울해지기도 합니다. 결국, 이런 것들이 우리의 영적인 생활까지 방해합니다.

저는 개인적으로 욥에게서 조금 아쉬운 부분을 발견합니다. 너무나 행복한 삶을 살고 있었던 욥과 그의 가정입니다. 그러나 욥에게는 한 가지 염려가 있었습니다. 그것은 "행복이 깨지면 어쩌나"라는 염려입니다.

> 내가 두려워하는 그것이 내게 임하고 내가 무서워하는 그것이 내 몸에 미쳤구나(욥 3:25).

행복한 삶을 살면서 그 행복이 사라지는 것이 두려웠던 것입니다. "사람이니까 그럴 수 있지" 하면서도 많이 아쉬운 부분입니다.

염려하며 사는 사람은 무익한 인생을 사는 것입니다. 염려하며 사는 사람은 어리석은 인생을 사는 것입니다. 그럼 이제 염려하지 않을 수 있는 비결을 살펴보도록 하겠습니다. 그것은 크게는 믿음입니다. 믿음만 있다면 우리는 염려하지 않고 살아갈 수 있습니다. 믿음의 사람은 염려하지 않습니다.

그럼 어떤 믿음을 말하는 것입니까?

첫째, 비교 불가한 하나님의 자녀라는 믿음입니다.

예수님께서는 새를 들어 설명하십니다. 너희가 왜 염려하지 말아야 하는지 들어보라 하십니다.

> 공중의 새를 보라 심지도 않고 거두지도 않고 창고에 모

아들이지도 아니하되 너희 하늘 아버지께서 기르시나니 너희는 이것들보다 귀하지 아니하냐(마 6:26).

들의 백합화가 어떻게 자라는가 생각하여 보라 수고도 아니하고 길쌈도 아니 하느니라 그러나 내가 너희에게 말하노니 솔로몬의 모든 영광으로도 입은 것이 이 꽃 하나만 같지 못하였느니라 오늘 있다가 내일 아궁이에 던져지는 들풀도 하나님이 이렇게 입히시거든 하물며 너희일까 보냐 믿음이 작은 자들아(마 6:28-30).

여기서 우리가 주목해야 할 문장이 26절에 나옵니다.

너희는 이것들보다 귀하지 아니하냐(Are you not much more valuable than they?, 마 6:26).

여기서 사용되는 문장은 비교급을 사용하시는데 새와 들풀과 우리는 비교 불가하다는 것을 말씀하고 있습니다. 그런 하찮은 들풀이나 새도 하나님께서 입히시고 먹이시는데 너희는 어찌하여 무엇을 먹을까, 무엇을 입을까 이런 문제 가지고 염려하고 있느냐는 것이지요.

5 믿음과 염려

지구에 있는 새의 종류를 찾아보니 9,700여 종의 1,000억 마리로 추정된다고 합니다. 우리나라도 417종의 새가 있다고 합니다. 엄청나 수입니다. 도대체 이 많은 새가 어떻게 먹고 사는지 놀랍기도 하고 궁금하기도 합니다. 올빼미는 낮에는 숨어 지내다가 밤에 나와서 쥐나 뱀, 곤충 등을 잡아먹는다고 합니다. 조사에 의하며 올빼미는 하루에 쥐를 평균 1.5마리씩 잡아먹는다고 합니다.

어떤 사람이 창고를 헐었는데 지붕에 올빼미 둥지가 있었고 그 둥지 옆에 뼈 무더기가 있는 것을 발견했다고 합니다. 그래서 그 뼈를 모두 어느 대학교에 보냈답니다. 그 대학교에서 뼈를 조사한 결과 놀랍게도 쥐 1,652마리분이었고, 뱀과 닭, 심지어 새끼 토끼의 뼈도 있었다고 합니다. 올빼미를 예를 든 것입니다.

여기서 우리가 꼭 기억해야 할 것은 "하물며 너희일까 보냐" 이 말씀입니다. 전능하신 우리 하나님 아버지가 지구상에 존재하는 모든 새도 먹이시는데 나를 먹이시지 않겠느냐 이것입니다.

지구상에 존재하는 꽃의 종류도 35만 여종이 된다고 합니다. 그 꽃들도 계절이 되면 아름다운 자태를 뽐내는데 하물며 너희를 입히시지 않겠느냐 이것입니다.

우리는 비교 불가한 하나님의 자녀입니다. 그 무엇과도 비교할 수 없고 바꿀 수 없는 하나님의 자녀입니다. 생각해 보십시오.

여러분의 자녀를 누구와 비교할 수 있습니까?

누구와 바꿀 수 있겠습니까?

내 재산을 다 빼앗겨도 내 자식의 새끼손가락 하나도 내주지 못합니다.

내 목숨을 버려서라도 자식을 살릴 수만 있다면 아끼지 않고 줄 거 아닙니까?

비교 불가입니다. 사랑하는 성도 여러분, 우리는 그 무엇보다도 귀한 하나님의 자녀입니다. 이 믿음만 있다면 우리는 염려하지 않고 세상을 살 수 있습니다.

둘째, 하나님께서 우리의 형편을 아신다는 믿음입니다.

31절을 볼까요?

> 염려하여 이르기를 무엇을 먹을까 무엇을 마실까 무엇을 입을까 하지 말라(마 6:31).

말씀하신 후 32절입니다.

> 이는 다 이방인들이 구하는 것이라 너희 하늘 아버지께서 이 모든 것이 너희에게 있어야 할 줄을 아시느니라(마 6:32).

나의 형편을 아시는 하나님. 나에게 필요한 것이 무엇인지 다 아시는 하나님이십니다. 여기서 이방인은 하나님을 모르는 백성입니다. 어떤 면에서 보면 귀신을 섬기고 우상을 섬기는 사람들입니다. 그런데 하나님께서는 그들에게조차도 필요한 것들을 공급하신다는 것입니다.

> 하나님이 그 해를 악인과 선인에게 비추시며 비를 의로운 자와 불의한 자에게 내려주심이라(마 5:45).

하나님께서 일반적인 은혜로 이방인들에게도 공급해 주신다는 것입니다.

그렇다면 그의 사랑하는 자녀가 필요한 것이 무엇인지 모르실 리가 없지 않겠습니까?

우리 하나님은 다 아십니다. 우리의 연약함, 지금 겪고 있는 힘겨운 일들, 마음의 속상한 일들 하나님께서는 다 아십니다. 저의 어머니는 한평생을 기도로 살아

오신 분입니다. 어머니의 기도를 들으며 성장을 했습니다. 어머니의 기도 중에 이런 내용이 참 많습니다.

"내 형편 아시지요. 하나님!"

그리고 형편과 처지를 아시는 하나님께서 응답해 주시는 것을 수없이 보았습니다. 그렇습니다. 하나님 아버지께서 우리의 사정을 다 아십니다. 하나님께서 우리의 형편을 모두 아시고 계시다는 믿음이 있다면 염려가 고개를 들 수가 없습니다.

셋째, 하나님께서 우리의 필요를 채우신다는 믿음입니다.
33절을 보겠습니다.

> 그런즉 너희는 먼저 그의 나라와 그의 의를 구하라 그리하면 이 모든 것을 너희에게 더하시리라(마 6:33).

여기서 먼저 우리가 살펴볼 내용은 "이 모든 것을 너희에게 더하시리라"는 말씀입니다.

모든 것을 다 아시는 하나님께서 알고만 계실까요?

그렇지 않습니다. 다 아시고 우리의 필요를 구체적으로 채워주시는 하나님이십니다. 사랑하는 여러분, 우리 하나님께서는 우리의 형편을 아시고 필요한 은혜로 채워주시는 분이십니다.

이스라엘 백성들의 광야 생활은 참으로 힘든 여정이었습니다.

그들이 애굽에서 나올 때 음식을 가지고 나와봤자 얼마나 많이 가지고 나왔겠습니까?

옷을 가지고 나와봤자 몇 벌이나 가지고 나왔겠습니까?

광야에 들어서자 금방 먹을 것이 동이 나버렸습니다.

이때 이스라엘 백성들에게 필요한 것이 무엇이었습니까?

먹을 것입니다.

> 사람이 사는 땅에 이르기까지 이스라엘 자손이 사십 년 동안 만나를 먹었으니 곧 가나안 땅 접경에 이르기까지 그들이 만나를 먹었더라(출 16:35).

하나님께서 그들의 배고픈 형편을 아시고 필요한 음식을 공급해 주셨습니다.

또한, 마실 물이 없을 때는 어떻게 하셨나요?

> 내가 호렙산에 있는 그 반석 위 거기서 네 앞에 서리니

> 너는 그 반석을 치라 그것에서 물이 나오리니 백성이 마시리라(출 17:6).

물이 필요하자 물을 주셨습니다. 할렐루야. 우리 하나님은 우리의 필요를 아시는 분이십니다. 반드시 때가 되면 우리의 필요를 채워주십니다.

허드슨 테일러는 영국 출신으로 중국에 선교하러 들어간 사람입니다. 테일러는 중국에 들어갈 때 가진 것이 아무것도 없었습니다. 무조건 중국에 들어가서 은행 계좌를 개설했습니다. 중국내지선교(china inland mission)라는 이름으로 10파운드를 넣고 개설했습니다. 그리고 그는 하나님 앞에 기도했습니다.

> 하나님!
> 내가 중국 전역에 하나님의 복음을 전하길 원합니다.
> 필요한 일꾼들을 보내 주옵소서.
> 나는 혼자입니다. 아무도 없습니다.
> 10파운드밖에 없습니다.
> 주여, 보내 주시옵소서!

여러분, 이후 허드슨 테일러에게 수많은 동역자가

생겼고, 테일러로 인해 중국이 변화되고 중국에 복음이 들어가는 문이 열리는 놀라운 역사가 일어나게 되었습니다. 그는 기도함으로 필요한 것들을 하나님께 공급받아 선교사역을 감당했던 것입니다.

사랑하는 성도 여러분!

하나님께서 채워주실 것이라는 믿음이 우리에게 있다면 염려를 묶어 버릴 수 있습니다. 따라서 우리의 삶은 먼저 그의 나라와 그의 의를 구하는 삶이 되어야 합니다. 예수님께서는 이방인들이 구하는 것들을 가지고 염려하지 말고 그것들은 나한테 맡기고 너희는 나를 위해 일하라고 하십니다.

우리가 꼭 기억해야 할 순서가 있습니다. 우선순위입니다. 예를 들어 많은 사람이 자칫 오해할 수 있는 것이 있습니다. 세상에서 무엇인가 좀 이루어 놓고 교회 다니겠다는 생각, 돈 좀 벌어 놓고 예수를 믿겠다는 생각, 담배 좀 끊고 교회 오겠다는 생각. 나쁜 생각은 아닙니다만 순서가 잘못되었습니다. 예수님은 "먼저 구하라"(seek first)하십니다. 먼저 교회부터 나오라는 것입니다.

여기서 그의 나라와 그의 의를 구한다는 말을 어렵게만 생각해서는 안 됩니다. 그의 나라와 의를 구한다는 것은 예수님을 나의 구주로 고백하고 믿는 사람들의 삶을 말합니다.

　바쁜 세상에서 살고 있지만, 예배시간을 소중히 여겨 교회에 나와서 예배드리는 삶, 하나님의 이름이 온 땅에 퍼져나가는 비전을 갖고 사는 삶, 어떻게 하면 하나님의 나라를 넓힐 수 있을까?라고 생각하는 삶.

　여러분, 이것이 하나님의 나라를 구하는 삶입니다. 어떻게 하면 주님 앞에 더 충성할까를 생각하며 실천하는 삶, 매일의 반복되는 생활 속에서도 하나님의 나라를 구하는 자의 태도는 다릅니다. 조금이라도 일찍 일어나서 새벽예배로 하루를 시작한다든가, 혹은 집에서 여러분만의 골방에 들어가 말씀을 펴놓고,

> 하나님 오늘도 하나님의 마음에 드는 생활을 하기 원합니다. 나를 도와 주옵소서.

　이렇게 기도하며 하루를 시작하는 생활. 이것이 하나님의 나라와 의를 구하는 삶입니다.

　저는 새벽에 기도하는 시간이 너무 좋습니다. 새벽에 성도님들과 말씀을 나누고 혼자 기도합니다.

하나님, 오늘 저의 스케줄이 이렇습니다.

이 모든 일을 할 때 내가 나타나지 않게 하시고 하나님의 영광이 나타나고 하나님의 나라의 지경이 조금이라도 확장되게 하소서!

세상에 살고 있으나 세상에 속하지 않은 사람답게 살려고 노력하는 것이 영적인 삶이요, 하나님의 나라와 의를 구하는 삶입니다. 하나님의 관심과 나의 관심을 일치시키고 삶의 우선순위를 하나님 나라에 두는 것입니다.

성도님들과 함께 양지에 있는 순교자기념관에 다녀온 적이 있습니다. 입구에 들어서면 큰 그림이 하나 걸려있는데 토마스 목사님의 순교 장면을 보여 주는 그림입니다.

1863년 12월 추운 겨울 런던대학교를 졸업한 로버트 토마스는 그의 아내 캐롤라인 갓프리(Caroline Godfrey)와 함께 중국 땅에 도착했습니다. 그러나 중국에 도착한지 얼마 되지 않아 임신 중인 아내는 하나님의 부름을 받게 되었습니다. 그의 슬픔은 이루 말할 수 없었습니다.

1964년 4월 5일, 그가 영국 런던선교회에 보낸 서신에 이렇게 쓰여 있었습니다.

> 내 사랑하는 아내가 지난 달 3월 24일에 세상을 떠났습니다. 그로 인해 저는 완전히 힘을 잃고 말았습니다. 하나, 하나 쓰다 보니 복받쳐 오르는 슬픔을 참을 길이 없습니다. 이전보다 더 귀한 선교사역을 위해 노력하겠습니다만 현재는 다시 일어날 수 없는 깊은 절망 속에 빠져 들었습니다.

모든 것을 포기하고 중국에 와서 동양 선교를 불태우려고 했던 토마스는 선교도 시작하기 전 사랑하는 아내를 잃어버린 것입니다. 그러나 토마스는 다시 일어나서 북경대학교 학장 서리로 일하게 되었고 조선선교를 물색하던 중 동지사 일행으로 중국에 온 개화파의 거두 평양감사 박규수를 만납니다. 그를 만나 조선 선교사로 가고 싶다는 사실을 알리고 조선에 가면 잘 지도해달라고 하면서 중국어 성경 한 권을 선사하기도 했습니다.

조선선교를 불태우며 기회를 찾던 중 토마스는 1866년 8월에 제너럴 셔먼(General Sherman)호가 대동강을 거슬러 평양에 입국한다는 소식을 듣고 이 배에 통역관 자격으로 승선하게 됩니다. 당시 조선의 상황은 대원

군 치하에서 쇄국 정책을 쓰고 있었고 외국과의 만남을 끊고 있었습니다.

토마스를 태운 배가 양각도에 좌초당했고, 조선의 군사들은 나룻배를 연결하고 그곳에 솔가지와 유황을 뿌려 불을 질러 불타는 나룻배를 떠내려 보냈습니다. 곧 셔먼호에 나룻배가 닿자 셔먼호에 불이 옮겨 붙어 불타오르기 시작했습니다.

배에 탔던 사람들이 다 뭍으로 올라오자 기다리고 있던 군관들이 그들을 처형했습니다. 토마스 선교사 역시 성경을 가지고 뭍으로 올라왔습니다. 그러나 박춘권이라는 군졸이 그를 기다리고 있었습니다. 토마스는 박춘권에게 무릎을 꿇고 엎드려 성경을 건네 주려고 얼굴을 땅에 대고 두 손을 높이 받들어 받으라고 권했습니다.

그러나 박춘권은 칼을 들어 토마스를 죽입니다. 그리고 토마스의 순교가 교회의 씨앗이 되어서 흑암의 땅 조선에 복음이 편만하게 전해지게 되는 놀라운 역사가 일어났습니다. 26살의 젊은이, 사랑하는 아내를 잃은지 2년 6개월 후 그는 아내의 뒤를 이어 하늘나라에 갔습니다. 순교자의 반열에 오른 것입니다.

이 땅에 복음을 전하기 위하여 자기 생명을 바친 사람들 이것이 곧 그의 나라와 그의 의를 구하는 것입니다. 우리는 우리의 주변에서 빛처럼 소금처럼 살면서 주의 복음을 말로 행동으로 전하는 것, 이것이 그의 나라와 그의 의를 구하는 삶이라고 할 수 있습니다.

선배 교수님과 식사를 할 기회가 있어서 함께 식탁 교제를 나누었습니다. 그때 선배 교수가 가족에게 미안하다는 말을 했습니다. 자신은 가족을 돌보지 않았다고 합니다. 정말로 나 몰라라 했다는 말이 아닙니다. 그만큼 복음에 헌신하는 삶을 살았다는 것이지요. 20년 가까운 세월을 세계의 이곳저곳을 다니면서 복음을 전하다 보니 가족에게 소홀했다고 고백하는 것을 들었습니다.

그런데 여러분 그 자녀들이 하나님의 은혜로 잘 자라서 대기업에 취직하고, 의사가 되어서 휴가 때면 단기 선교를 나가서 복음을 전하는 귀한 인재가 되었습니다.

"이방인들이 날마다 걱정하는 것, 내가 모든 것을 매일매일 공급해 주겠다, 그러니 너희는 내 나라를 걱정하라, 나는 너희들을 걱정하마, 내가 너희들이 염려하며 걱정하는 것들을 다 책임져 주마."

그렇습니다. 우리가 하나님께 충성하면 하나님께서 우리에게 다 허락해 주십니다. 잘 되게 하십니다.

고아의 아버지 조지 뮬러는 말했습니다.

믿음의 시작은 염려의 끝이요, 염려의 시작은 믿음의 끝이다. 그러므로 염려하느냐, 믿음이 죽는다. 믿음을 가지느냐, 염려가 죽는다.

그러므로 사랑하는 성도 여러분!

염려하지 말라는 주님의 말씀을 믿으시기 바랍니다. 우리는 비교 불가한 하나님의 자녀입니다. 하나님은 우리의 형편을 다 아십니다. 하나님은 우리의 필요를 아시고 채워주시는 분입니다. 이 믿음을 갖고 염려에서 해방된 사람으로 세상에서 담대하게 살아가시기를 예수님의 이름으로 축원합니다.

6
믿음과 원망

여호와께서 모세와 아론에게 말씀하여 이르시되 나를 원망하는 이 악한 회중에게 내가 어느 때까지 참으랴 이 스라엘 자손이 나를 향하여 원망하는 바 그 원망하는 말을 내가 들었노라 그들에게 이르기를 여호와의 말씀에 내 삶을 두고 맹세하노라 너희 말이 내 귀에 들린 대로 내가 너희에게 행하리니 너희 시체가 이 광야에 엎드러질 것이라 너희 중에서 이십 세 이상으로서 계수된 자 곧 나를 원망한 자 전부가 여분네의 아들 갈렙과 눈의 아들 여호수아 외에는 내가 맹세하여 너희에게 살게 하리라 한 땅에 결단코 들어가지 못하리라 … 너희는 그 땅을 정탐한 날 수인 사십 일의 하루를 일 년으로 쳐서 그 사십 년간 너희의 죄악을 담당할지니 너희는 그제서야 내가 싫어하면 어떻게 되는지를 알리라 하셨다 하라 … 모세의 보냄을 받고 땅을 정탐하고 돌아와서 그 땅을 악평하여 온 회중이 모세를 원망하게 한 사람 곧 그 땅에 대하여 악평한 자들은 여호와 앞에서 재앙으로 죽었고 그 땅을 정탐하러 갔던 사람들 중에서 오직 눈의 아들 여호수아와 여분네의 아들 갈렙은 생존하니라 (민 14:26-38).

오늘은 믿음과 원망이라는 주제를 가지고 민수기 14:26-38의 말씀을 살펴보겠습니다.

세상을 살다 보면 여러 가지 일들을 만나게 됩니다. 매일 매일 기쁘고 기분 좋은 상황을 만나면 얼마나 좋겠습니까?

우리가 생각하고 손대는 일마다 성공하고 잘되면 얼마나 좋을까요?

그런데 알다시피 우리는 살아가면서 어려운 일도 있고 때로는 생각지도 못한 일들을 만나기도 합니다. 오지 않았으면 하는 어려운 환경도 만날 수 있고 생각지 못한 좌절과 실패의 순간들도 만날 수 있고 갑자기 건강에 이상이 올 수도 있습니다.

이렇게 여러 가지 상황에 대처하는 다양한 반응들이 있는데 그중 두 가지 반응을 본문을 통해 살펴보고자 합니다. 하나는 원망이라는 반응이고 또 하나는 믿음이라는 반응입니다.

원망부터 살펴보겠습니다.

원망을 사전에서 찾아보면 '못마땅하게 여겨서 탓하거나 불평을 품고 미워함'이라고 합니다. 못마땅, 탓, 불평, 미워함이라는 4개의 주요 단어가 등장함을 알 수 있습니다. 못마땅하게 여기고 남 탓을 한다는 것입니다. 자신의 탓으로 여기고 반성하는 것이 아니라 남을 탓합니다. 어떤 상황이 벌어지면 이 상황에 대해서 남을 먼저 탓하고 이 상황을 해결하기 위해 노력하는 것이 아니라 불평을 합니다. 상황을 미워하고 이 상황의 원인 제공자를 미워하고 더 나아가 자기 자신도 미워하게 됩니다.

결과적으로 자기 자신을 파괴할 수 있는 것이 바로 원망의 힘입니다. 원망이라는 두 글자를 설명하기 위해서 이렇게 많은 주요 단어가 등장하는 것을 보면서 원망이 가진 힘이 대단하다는 생각을 하게 되었습니다.

오늘 본문에 보시면 원망하는 이스라엘 백성들을 만나게 됩니다. 원망의 힘이 얼마나 강한지 원망함으로 인해 성인 남녀가 다 죽는 엄청난 일이 벌어집니다. 이 말씀을 통해 어떤 상황을 만나도 원망하면 안 된다는 것과 원망하면 다른 사람들도 죽고 자기 자신도 죽게 되는 엄청난 일이 벌어진다는 것을 깨달아야 합니다. 그리고 말씀을 들으면서 절대 원망하지 말아야겠다고 결심하는 우리 성도님들이 되시기를 예수님의 이름으로 축복합니다.

오늘 본문 말씀의 배경을 먼저 알아보겠습니다. 이스라엘 백성들이 출애굽 하여 하나님이 약속하신 젖과 꿀이 흐르는 가나안 땅으로 향했습니다. 그런데 가나안 땅에는 이미 그 땅을 차지하고 있었던 일곱 족속이 있었습니다. 이스라엘 백성들이 전쟁을 통해 일곱 족속을 물리치도록 하나님께서 계획하셨습니다. 하나님께서 함께하시기 때문에 승리는 이미 보장되어 있음에도 불구하고 이스라엘 백성들은 나름의 전략을 짜야만 했습니다. 무턱대고 공격했다가는 패배할 수 있기에 전략이 필요했던 것입니다.

전략을 짜기 위해서는 상대를 잘 알아야 하지 않겠습니까?

그래서 모세는 이스라엘 열두 지파 가운데에서 가나안 땅을 정탐하러 갈 대표들을 한 명씩 뽑았습니다. 그리고 그들에게 가나안 땅에 사는 사람들이 얼마나 신장이 크고 용맹한지, 사람의 수가 많은지 적은지, 지형은 어떤지 파악하고 오라고 지시를 내렸습니다. 열두 명의 정탐꾼들은 가나안 땅으로 잠입하여 40일 동안 가나안 땅을 탐지했습니다.

40일 후에 정탐꾼들이 돌아오면서 문제가 일어나게 되었습니다. 똑같은 지형, 똑같은 상황을 봤는데, 보고 내용은 10대 2로 갈라졌습니다. 열 명의 보고는 원망이었고 나머지 두 명, 여호수아와 갈렙의 보고는 믿음이었습니다. 이것이 문제의 핵심입니다. 이 열 명의 보고 내용이 민수기 13:31에 나옵니다.

> 그와 함께 올라갔던 사람들은 이르되
> 우리는 능히 올라가서 그 백성을 치지 못하리라
> 그들은 우리보다 강하니라 하고(민 13:31).

계속해서 33절도 보겠습니다.

> 거기서 네피림 후손인 아낙 자손의 거인들을 보았나니
> 우리는 스스로 보기에도 메뚜기 같으니
> 그들이 보기에도 그와 같았을 것이니라(민 13:33).

온 백성이 다 듣고 있는 상황에서 열 명의 정탐꾼들이 모세에게 보고한 내용입니다. 가나안 족속들은 엄청난 사람들이라 우리는 절대로 이길 수 없고 그들과 전쟁을 하면 우리는 다 죽을 것이라고 하면서 우리는 메뚜기 같다고도 했습니다. 메뚜기 같다는 것은 한마디로 밟으면 쉽게 죽는다는 것입니다.

오늘 본문 민수기 14:26-38 말씀은 열 명의 보고 내용을 듣고 하나님께서 그들에게 하신 말씀입니다.

민수기 14:27을 보겠습니다.

> 나를 원망하는 이 악한 회중에게
> 내가 어느 때까지 참으랴
> 이스라엘 자손이 나를 향하여 원망하는 바
> 그 원망하는 말을 내가 들었노라(민 14:27).

여기 보시면 원망이란 단어가 세 번이나 등장합니다. 하나님께서 보실 때 이스라엘 백성들은 원망하는 백성이라는 것입니다. 29절도 한번 보겠습니다.

> 너희 시체가 이 광야에 엎드러질 것이라
> 너희 중에 이십 세 이상으로서 계수된 자
> 곧 나를 원망한 자 전부가(민 14:29).

원망하는 이스라엘 백성들을 치겠다고, 하나님께서 심판하겠다고 말씀하고 계신 것입니다. 36절도 보십시오.

> 모세의 보냄을 받고 땅을 정탐하고 돌아와서
> 그 땅을 악평하여
> 온 회중이 모세를 원망하게 한 사람(민 14:36).

열 명의 정탐꾼들이 와서 원망 섞인 보고를 하자 이 원망이 이스라엘 백성들에게까지 전파되었습니다. 이것이 원망의 힘입니다. 원망하는 사람은 본인만 원망하는 것이 아니라 주변의 사람들도 원망하는 마음을 갖게 만듭니다. 원망은 주변 사람들까지 사기를 저하해 자신의 상황을 이겨나갈 힘을 내기보다는 자신이 처한 상황을 원망하게 만듭니다. 열 명의 보고 내용을 들은 이스라엘 백성들까지 사기가 저하되어 "우리가 어찌할꼬" 하면서 모세를 원망하게 된 것입니다. 민수기 14:2에 보시면 이런 내용의 말씀이 있습니다.

> 이스라엘 자손이 다 모세와 아론을 원망하며
> 온 회중이 그들에게 이르되
> 우리가 애굽 땅에서 죽었거나
> 이 광야에서 죽었으면 좋았을 것을(민 14:2).

하나님의 능력으로 여기까지 왔는데 가나안을 목전에 두고 모세와 아론을 원망하면서 우리가 애굽 땅에서 죽었거나 광야에서 죽었으면 좋았을 것이라고 하고 있습니다.

이스라엘 백성들은 왜 원망할 수밖에 없었을까요?

기적같이 이끌어 주시는 하나님의 능력에 대한 불신 때문이었습니다. 여기서 우리가 생각해 보아야 할 것이 있습니다.

과연 이스라엘 백성들이 처음부터 불신을 하고 있었을까?

저는 그렇게 생각하지 않습니다.

여러분! 생각해 보십시오.

이스라엘 백성들은 광야에서부터 하나님의 능력을 체험하면서 여기까지 왔습니다. 믿음이 없었던 것이 아닙니다. 믿음이 있었는데 어떤 상황이 발생하자 불신이 생긴 것입니다. 도저히 자기가 어떻게 해 볼 수 없는 그런 벽이 앞에 있으면 그 벽에 눌려서 하나님을 불신하게 되는 것입니다.

사랑하는 성도 여러분!

우리도 열 명의 정탐꾼과 비슷하지 않습니까?

예를 들어 베드로 사도도 마찬가지였습니다. 예수님께서 산에서 기도하시다가 아직 어두운 새벽쯤 배를 타고 가던 제자들을 향해 물 위를 걸어오셨습니다. 저 멀리서 걸어오는 모습을 보고 베드로가 누구냐고 묻자 예수님께서 나니 안심하라고 하셨습니다. 그러자 베드로가 만약에 주님이시라면 나를 명하여 오게 해달라고 말합니다. 주님이 명하시면 자신도 물 위를 걸을 수 있다는 확신이 베드로에게 있었습니다. 베드로가 주님만 바라보며 걸어갔다면 문제가 없었을 것입니다.

그러나 철썩거리는 파도 소리가 들리고 바람 소리가 들렸습니다. 주변 환경이 보이기 시작한 것입니다. 주님만 바라보고 갔다면 아무 문제도 없었을 텐데 주변을 보게 되면서 불신이 생겨 물에 빠지고 말았습니다. 그때 주님께서 베드로에게 손을 내밀면서 "믿음이 적은 자여 왜 의심하느냐"라고 말씀하셨습니다. 순간 의심했다는 것입니다.

10명의 정탐꾼들도 마찬가지입니다. 하나님을 믿는 사람들이었고 전능하신 하나님의 능력을 알고 있는 사람들이었지만 어려운 상황과 환경에 부딪히자 하나님에 대한 불신이 마음속에서 일어난 것입니다. 우리도 마찬가지입니다. 우리도 주님을 믿는 사람입니다.

그러나 살아가면서 내 힘으로 감당할 수 없는 어려운 일들을 만나면 어떤 반응을 나타냈나요?

그 순간에 주님의 능력을 의심하고 불신하고 원망하지는 않았는지 스스로 조명해 보시기 바랍니다. 원망은 하나님이 싫어하십니다. 원망한 사람 중 이십 세 이상의 어른들은 다 죽었습니다.

그러니 여러분, 원망하지 마십시오!

믿음을 다음으로 살펴보겠습니다.

그렇다면 두 명의 보고는 어땠습니까?

두 명의 보고는 완전히 달랐습니다. 열 명의 보고와 극과 극이었습니다. 민수기 14:7-9을 보겠습니다.

> 이스라엘 자손의 온 회중에게 말하여 이르되
> 우리가 두루 다니며 정탐한 땅은 심히 아름다운 땅이라
> 여호와께서 우리를 기뻐하시면
> 우리를 그 땅으로 인도하여 들이시고
> 그 땅을 우리에게 주시리라
> 이는 과연 젖과 꿀이 흐르는 땅이니라
> 다만 여호와를 거역하지는 말라
> 또 그 땅 백성을 두려워하지 말라 그들은 우리의 먹이라
> 그들의 보호자는 그들에게서 떠났고
> 여호와는 우리와 함께 하시느니라
> 그들을 두려워하지 말라 하나(민 14:7-9).

어려운 상황에 부딪혔을 때 이 두 명의 반응은 믿음이었습니다. 믿음을 가지고 이 상황을 뚫고 나가자는 것입니다. 이것이 여호수아와 갈렙의 반응이었습니다.

이 두 명과 열 명은 같은 것을 봤습니다. 아말렉 족속, 가나안 족속들이 얼마나 크고 용맹스러운지 여호수아와 갈렙이 몰랐던 것이 아닙니다. 그 사실을 부정하지도 않았습니다. 그들의 막강한 군사력과 용맹함을 인정했습니다. 그들의 군사력과 용맹함을 인정하면서도 믿음을 가질 수 있었던 이유는 하나님이 계심을 믿었기 때문입니다.

민수기 14:8을 보겠습니다.

> 여호와께서 우리를 기뻐하시면
> 우리를 그 땅으로 인도하여 들이시고
> 그 땅을 우리에게 주시리라
> 이는 과연 젖과 꿀이 흐르는 땅이니라(민 14:8).

'여호와께서 기뻐하시면'이란 '하나님이 함께하시면, 하나님께서 하시고자 하면'이라는 것입니다. 하나님께서 가나안 땅을 주시고자 하셨으면 주실 것이라는 말씀입니다. 이게 바로 믿음입니다.

사랑하는 성도 여러분!

우리는 여호수아와 갈렙 같은 믿음을 가져야 합니다. 믿음을 가지고 전진하는 성도님들이 되시기를 예수님의 이름으로 축복합니다.

믿음을 가지고 전진하려면 우리에게 필요한 것이 무엇일까요?

여호수아와 갈렙의 말과 행동을 살펴보면 우리에게 필요한 것이 무엇인지 알 수 있습니다.

첫째, 원망은 우리를 원망의 삶으로 인도한다는 것을 알고 원망의 삶을 먼저 끊어버려야 합니다.

"나는 어떤 상황 속에서도 원망하지 않고 남 탓하지 않고 남을 미워하지 않고 절대로 불평하지 않겠다"고 결심하시는 우리 성도님들이 되시기를 예수님의 이름으로 축복합니다.

> 너희 말이 내 귀에 들린 대로 내가 너희에게 행하리니
> (민 14:28).

이 말씀을 꼭 기억하셔야 합니다. 원망하면 원망의 삶을 살 수밖에 없고 불평하면 매사 불평스러운 삶이 전개될 수밖에는 없습니다.

그러니 여러분, 힘들어 죽겠다, 배불러 죽겠다, 부족하다, 없다, 못 한다 등 이런 부정적인 용어는 절대

로 사용하면 안 됩니다. 하나님이 주신 것에 그저 감사해야지, 감사하지 않고 원망하고 남 탓하면 안 됩니다. 원망은 얼마나 파괴력이 강한지 모릅니다. 정말로 무서운 것입니다. 그러니 부정적인 언어를 사용하지 말고 감사하는 삶을 사시기를 바랍니다.

둘째, 믿음으로 전진하기 위해서는 두려워하지 말아야 합니다.

민수기 14:9 말씀을 보실까요?

> 다만 여호와를 거역하지는 말라
> 또 그 땅 백성을 두려워하지 말라(민 14:9).

우리 하나님께서 성경에서 많이 강조하는 말씀 중 하나가 "두려워하지 말라"는 것입니다.

여호수아가 모세의 뒤를 이어서 이스라엘의 지도자가 되었을 때 얼마나 떨었습니까?

모세의 영적인 파워를 자신은 갖고 있지 못하고, 백성들이 모세를 신뢰한 만큼 자신을 신뢰하지 않아서 떨고 있을 때 하나님께서 여호수아에게 말씀하신 것이 무엇입니까?

"두려워하지 말아라, 강하고 담대하라, 좌우로 치우치지 말라"는 말씀이었습니다. 어떤 상황 속에서도 우리가 꼭 기억해야 할 것은 두려워하지 말라는 것입니다. 여호와 하나님께서 우리와 함께하시기 때문입니다. 이것을 믿고 절대로 상황에 주눅 들지 말고 두려워하지 마십시오.

강하고 담대하기 위해서는 좌우로 치우치지 말고 하나님의 말씀만 붙잡고 나아가라는 것입니다. 그러면 승리할 수 있습니다. 여호와 하나님이 나와 함께 하심을 강력하게 믿고 두려워하지 않도록 말씀 생활, 기도 생활에 힘쓰시는 우리 성도님들이 되시기를 바랍니다.

두려워하지 말라고 하셨는데 두려워하지 않기 위해서는 어떻게 해야 할까요?

바로 말씀 중심의 삶을 살아야 합니다. 그러면 두려워할 이유가 없습니다. 법대로 사는 사람은 경찰을 보고 두려워하지 않습니다. 법대로 살지 않는 사람이 경찰을 보고 두려워하는 것입니다. 하나님 말씀 중심의 삶을 살면 두려움이 사라집니다.

그리고 하나님 앞에 여러분의 모든 문제를 놓고 기도하면 어느 순간 우리 마음속에 평안이 이루어집니다. 우리 마음속에 평안한 마음이 들어옵니다. 그 순간이 바로 하나님께서 우리 기도에 응답하시는 순간입니다.

여러분이 가지고 있는 여러 가지 기도의 제목을 놓고 기도하십시오. 그리고 두려워하지 마십시오. 여호와 하나님께서 해결해 주실 줄로 믿고 기도하여 승리하는 성도님들이 되시기를 바랍니다.

셋째, 믿음으로 전진하기 위해서는 약속을 믿어야 합니다.

이스라엘 백성들이 가나안 땅에 들어가는 것은 가나안 땅을 목전에 두고 하나님께서 약속하신 것이 아닙니다. 요셉이 죽으면서 이미 하나님께서 약속하신 것입니다. 그리고 출애굽 하면서 하나님께서 젖과 꿀이 흐르는 가나안 땅으로 가라고 말씀하셨습니다. 하나님께서 말씀하셨기 때문에 가나안 땅은 이미 이스라엘 백성들에게 주신 것입니다.

그런데 열 명의 정탐꾼들은 그 약속을 잊어버렸고 여호수아와 갈렙은 그 약속을 기억하고 있었습니다. "하나님께서 가나안 땅으로 가라고 하셨으니 가나안 땅은 반드시 하나님께서 주실 것이다."

할렐루야. 이것이 믿음입니다.

사랑하는 성도 여러분!

우리가 믿음으로 세상에서 승리하며 전진하기 위해서는 약속을 믿어야 합니다. 사람과의 약속은 변할 수 있으나 하나님께서는 변함이 없으십니다. "나는 너의 하나님이 되겠다, 내가 너를 나의 자녀로 삼아 주겠다, 내가 너와 함께 해주겠다, 내가 너를 지켜주겠다"고 하나님이 약속하셨습니다. 내가 너를 구속하였고 너를 지명하여 불렀으니 너는 내 것이라고 하나님이 약속하셨습니다.

그러니 여러분은 하나님의 것입니다. 하나님의 사람들은 두려워할 이유가 없습니다. 천지 만물을 창조하시고 우주를 통치하시고 지배하시는 전능하신 하나님, 사람의 생사화복과 흥망성쇠를 한 손에 쥐고 계시는 하나님이 우리의 아버지이십니다. 그 아버지께서 약속하셨으니 이 약속을 믿고 담대하게 살아갈 수 있는 것입니다. 사랑하는 여러분, 어떤 상황 앞에서도 원망하지 마시고 믿음으로 전진하여 승리하는 삶을 사시는 성도님들이 되시기를 예수님의 이름으로 축복합니다.

7
믿음의 회복

예수를 잡아 끌고 대제사장의 집으로 들어갈새 베드로가 멀찍이 따라가니라 사람들이 뜰 가운데 불을 피우고 함께 앉았는지라 베드로도 그 가운데 앉았더니 한 여종이 베드로의 불빛을 향하여 앉은 것을 보고 주목하여 이르되 이 사람도 그와 함께 있었느니라 하니 베드로가 부인하여 이르되 이 여자여 내가 그를 알지 못하노라 하더라 조금 후에 다른 사람이 보고 이르되 너도 그 도당이라 하거늘 베드로가 이르되 이 사람아 나는 아니로라 하더라 한 시간쯤 있다가 또 한 사람이 장담하여 이르되 이는 갈릴리 사람이니 참으로 그와 함께 있었느니라 베드로가 이르되 이 사람아 나는 네가 하는 말을 알지 못하노라고 아직 말하고 있을 때에 닭이 곧 울더라 주께서 돌이켜 베드로를 보시니 베드로가 주의 말씀 곧 오늘 닭 울기 전에 네가 세 번 나를 부인하리라 하심이 생각나서 밖에 나가서 심히 통곡하니라(눅 22:54-62).

교회에서 열심히 봉사하고 직분도 받았다가 그 직분을 잃어버리고 교회에 등을 돌리고 세상을 향한 사람들을 많이 봅니다. 그런 분들의 삶을 가만히 들여다보면 모두가 다 그런 것은 아니지만 보편적으로 삶이 굉장히 어려워집니다. 그리고 세상에 나가 세상에 취하면 은혜의 삶이 없어지고 믿음을 잃어버리게 됩니다.

대표적인 사람이 아버지의 품을 떠나 세상에서 방황했던, 우리가 흔히 아는 탕자 즉 누가복음 15장에 나오는 둘째 아들의 타락입니다. 아버지 품 안에 있을 때가 행복하고 아버지 그늘에 있을 때가 행복한 것인데, 아버지의 그늘을 벗어나면 뭔가 새로운 것이 자신을 기다릴 것 같았고 자신만의 세계가 펼쳐질 줄 알았지만 결국은 나가서 고생 고생하게 됩니다.

이것이 아버지 품을 떠난 삶의 결과입니다. 믿음을 잃어버리면 바로 이런 결과를 얻게 됩니다.

믿음을 가졌다가 잃으면 본인도 안타까운 삶을 살게 되지만 주변에서 지켜보는 사람들도 굉장히 안타깝습니다. 열심히 주님 전에 나와서 봉사하다가 어느 날 갑자기 교회를 떠나고 신앙을 버리는 그 사람 개인도 불쌍하지만, 주변에서 보는 사람들과 목회자 또한 그 사람을 볼 때 굉장히 마음이 아픕니다.

목회자의 기쁨, 목회자의 행복은 어디에 있을까요?

바로 성도님들이 말씀에 집중해서 말씀대로 살아가는 모습을 볼 때 목회자는 기쁨을 얻고 목회에 보람을 느끼게 됩니다. 하루하루 신앙이 성숙해지는 것을 볼 때 목회자는 기쁨을 느낍니다.

예수님께서 예루살렘에 입성하시고 마지막 고난 주간을 보내시면서 겪었던 여러 가지 일들이 있습니다. 그 여러 가지 일들 가운데 특별히 예수님의 마음을 가장 아프게 했던 것이 과연 무엇이었는지 생각해 보았습니다.

여러 가지가 있겠지만 그중에 저는 '배신'이라는 두 글자를 떠올렸습니다. 가롯 유다의 배신도 있지만, 그보다 더 마음 아팠던 것은 아마도 베드로의 배신일 것입니다.

가롯 유다가 배신할 것을 어떤 면에서 보면 주님께서는 알고 계셨습니다. 오늘 이 떡 그릇에 나와 함께 손을 넣는 자가 나를 팔 자라고 마지막 만찬 때 예수님께서 말씀하셨습니다. 그때 예수님과 함께 손을 넣었던 자가 바로 가롯 유다입니다. 예수님께서 가롯 유다에게 너는 차라리 나지 않았으면 좋았을 뻔했다고 말씀하신 것을 보면 가롯 유다가 배신 할 것을 이미 알고 계셨다는 것을 알 수 있습니다.

물론 베드로가 자신을 부인할 것도 이미 알고 계셨습니다. 그러나 베드로의 배신은 충격적인 일이었을 것입니다. 제자들의 배신, 특별히 베드로의 부인 사건은 골고다 길로 향하시는 예수님의 마음을 가장 무겁게 했던 사건이 아닐까 하는 생각을 하게 됩니다.

세상을 살아가면서 다른 사람에게 배신을 당한 경험이 있으신지 모르겠지만 얼마나 마음 아픈 일인지 모릅니다. 세상의 물질을 잃어버리는 것보다 사람을 잃어버리는 것이 훨씬 더 마음 아픈 일입니다. 그래서 사람을 잃어버리면 충격을 받고 스트레스가 엄청납니다. 더군다나 믿었던 사람들이 자신에게 등을 돌리고 배신을 하면 얼마나 마음이 아픈지 모릅니다.

그러나 우리가 더 주의해서 보아야 할 것은 베드로의 배신의 원인입니다.

우리 주님이 베드로를 바라보실 때 인간적인 배신으로만 생각하셨을까요?

저는 그렇게 생각하지 않습니다. 왜냐하면 예수님께서 베드로에게 하신 말씀이 힌트입니다. 누가복음 22:32 말씀에 보시면 이런 내용이 있습니다.

> 그러나 내가 너를 위하여
>
> 네 믿음이 떨어지지 않기를 기도하였노니
>
> 너는 돌이킨 후에 네 형제를 굳게 하라(눅 22:32).

예수님께서는 인간적으로 베드로가 자신을 배신했기 때문에 마음이 무겁고 아팠던 것이 아니라 베드로의 믿음이 없어졌기 때문입니다. 베드로가 믿음 가운데 굳게 서고 믿음이 떨어지지 않게 굳게 잡아야 하는데 그 믿음이 상실되었다는 것입니다. 베드로의 믿음이 사라지는 것 때문에 예수님께서는 슬퍼하셨습니다.

사랑하는 성도 여러분!

예수님께서 저와 여러분들을 보시고 과연 슬퍼하실지 아니면 아직도 기대하고 계시고 기뻐하실지 한번 생각해 볼 필요가 있습니다. 우리 믿음이 떨어지지 않기를 주님께서는 바라시는데 우리 믿음이 떨어질 수가 있고 믿음을 잃어버릴 수가 있습니다. 그래서 오늘 말씀을 통해서 베드로의 믿음이 떨어진 원인이 무엇인지를 살펴보고 그 모든 것을 극복하고 믿음을 회복하는 과정에 대해 생각해 보도록 하겠습니다.

베드로의 믿음을 떨어지게 하는 요소들에는 어떤 것들이 있었을까요?

우리의 믿음을 굳게 하기 위해서는 이런 요소들을 피해 나가면 됩니다. 그리고 혹시 내 믿음이 떨어졌다면 다시 회복되는 놀라운 은혜의 시간이 여러분에게 있으시기를 예수님의 이름으로 축복합니다.

믿음이 떨어진 그 이유가 과연 어디에 있었을까요?

첫째, 그 힌트를 54절에서 발견할 수 있는데 베드로는 자신의 성격답지 않게 굉장히 소극적인 자세를 취했습니다.

54절을 보겠습니다.

> 예수를 잡아 끌고 대제사장의 집으로 들어갈새 베드로가 멀찍이 따라가니라(눅 22:54).

베드로의 성격에 대한 힌트를 하나 드리면 베드로는 굉장히 다혈질적인 사람이었습니다. 예수님께서 겟세마네 동산에서 기도하고 내려오실 때 대제사장과 로마의 군병들이 가룟 유다를 앞세우고 예수님을 잡으러 왔습니다. 그때 다른 제자들은 가만히 있는데 베드로는 칼을 뽑아서 대제사장의 종 말고의 귀를 잘라버렸습니다.

"이놈들이 우리 예수님을 잡아가!"

분노하며 칼을 잡은 베드로, 이게 베드로의 성격입니다. 상당히 다혈질적이고 주님을 위해서라면 행동부터 나서는 사람이 바로 베드로입니다.

그런데 베드로가 지금 예수님을 어떻게 따라갔다고 되어 있습니까?

멀찍이 따라갔다고 했습니다. 베드로는 이런 성격이 아닙니다. 예수님을 위해서라면 불 속이라도 뛰어들 사람인데 그런 베드로가 예수님과 거리를 두고 멀찍이 따라갔습니다.

왜 그랬을까요?

자기도 잡힐까 봐 소극적인 자세를 보인 것입니다. 적극적이고 열정적이던 베드로가 소극적이고 미온적인 태도를 취했다는 것입니다. 여러분, 믿음을 떨어지게 하는 요소는 바로 소극적인 신앙 자세입니다.

사람이 세상을 살면서 성공하기 위해서는 어떤 한 가지 일에 집중할 필요가 있습니다. 어떤 청년이 일이 너무 많다면서 저에게 상담하러 왔습니다. 그래서 제가 일이 많은 것을 하나님 앞에 감사하면서 인생의 어느 한 부분을 일에 집중해서 투자하는 시간이 필요하다고 했습니다. 왜냐하면 집중해서 일을 해야 그 집중한 시간을 통해서 나머지 인생을 편하게 살 수 있기 때문입니다.

그런데 성공하지 못하는 사람들은 집중하지 못하고 시간만 질질 끕니다. 그 청년은 일이 너무 많아서 하나를 포기하고 싶다고, 그만두고 싶다고 했습니다. 그래서 제가 잠을 줄여가면서라도 너에게 주어진 모든 일을 감당하라고 했습니다. 할 수 있는 체력이 있고 열정이 있으니까 잠을 줄여서라도 집중하라고 했습니다. 집중하는 사람이 인생에서 성공할 수 있습니다.

공부하는 학생들도 마찬가지입니다. 10시간, 15시간씩 책상에 앉아 있다고 해서 공부를 잘하는 것이 아닙니다. 집중하는 것이 필요합니다.

예배드리는 것도 마찬가지입니다.

어떤 사람이 예배를 통해 주님의 엄청난 기적의 은혜와 성령의 뜨거운 은혜를 체험할 수 있을까요?

바로 집중해서 적극적으로 예배에 참여하는 사람입니다. 그냥 예배 시간이 되어서 예배에 참석하는 이런 소극적인 자세를 가지면 은혜받을 수 없습니다. 은혜를 간절히 사모하는 마음을 가져야 주의 은혜를 체험할 수 있습니다.

우유부단한 신앙 자세를 가지면 안 됩니다. 우유부단

하다는 것은 결단력이 없다는 것입니다. 맺고 끊는 게 없다는 것이지요. 신앙생활도 적극적으로 하고 사업도 적극적으로 해야 은혜도 받을 수 있고 성공도 할 수 있습니다.

사랑하는 성도 여러분!

교회도 마찬가지입니다. 보통 교회는 성도들이 목사화 된다고들 합니다. 목사화 된다는 것은 그 목사와 비슷해진다는 것입니다.

저는 복잡한 것보다 단순한 것을 좋아합니다. 옷도 넥타이도 알록달록한 것보다 단색을 좋아합니다. 제 목회 철학도 마찬가지입니다. 저는 많은 목회 프로그램을 갖고 있지 않습니다. 교회가 본질을 잃어버리고 다른 것을 신경쓰면 안 된다고 생각하기 때문입니다.

교회는 선교하는 게 최고라고 저는 생각합니다. 선교하기 위해서 교회는 세워진 것입니다. 선교가 교회의 한 부분이 아니라 교회가 존재하는 목적 자체가 선교입니다. 하나님께서 이 땅에 교회를 세우신 것은 선교를 위해 세우신 것입니다.

우리 성도님들을 이 땅에 남겨두신 것은 선교하라고 남겨두신 것입니다. 그러므로 교회는 오직 선교하고 복음을 전해야 합니다. 그래서 제가 여러분에게 주일마다 거룩한 부담을 안겨드리는 것입니다. 복음을 전해야 한다는 거룩한 부담을 가지셔야 합니다. 지역에 다니면서 복음을 전해야 하고 직장에서 복음을 전해야 하고 여러분의 가정에서도 복음을 전해야 합니다. 적극적으로 집중해서 복음을 전해야 합니다.

복음을 전하지 않고 매일 다람쥐 쳇바퀴 돌듯이 신앙 생활하는 사람들은 우유부단하고 소극적인 신앙생활을 한다고 평가할 수 있습니다.

주님을 멀찍이 따라가는 것이 아니라 아주 가까이 따라가는 것이 바로 선교하는 것입니다. 주님이 하신 일이 그것입니다. 이런 면에서 우리 성도님들이 목사와 비슷해지는 것이 얼마나 감사한지 모릅니다.

하비 칸(Harvie Conn)이라는 학자는 예수님의 사역을 두 가지 전치사 'among'과 'to'로 표현했습니다. 'among'은 '~가운데'라는 뜻이고 'to'는 '~에게'라는 뜻입니다.

예수님께서 이 땅에 오셔서 가난한 자들 가운데, 약한 자들 가운데 계셨고, 가난한 자, 약한 자에게 가셨습니다. 저와 여러분들도 마찬가지로 이런 일을 해야 합니다. 멀찍이 떨어져서 세월아 네월아 하며 신앙 생활하면 은혜도 못 받고 하나님께 쓰임도 못 받습니다.

쓰임도 못 받고 그냥 주님 앞에 가면 우리 인생이 너

무 아깝지 않습니까?

 하나님 나라 확장을 위해 더욱더 많이 쓰임받고 역사에 이름을 남기는 우리 성도님들이 되시기를 예수님의 이름으로 축복합니다.

둘째, 베드로의 믿음이 떨어진 이유는 자신이 누구인지를 몰랐기 때문입니다.

 "내가 누구인가?"(who am I?)

 이것을 잘 몰랐다는 것입니다. 오늘 본문 55절을 보겠습니다.

> 사람들이 뜰 가운데 불을 피우고 함께 앉았는지라 베드로도 그 가운데 앉았더니(눅 22:55).

 베드로가 다른 사람들과 앉아 있는데 이 사람들은 예수님을 죽이는 것을 구경하러 온 사람들입니다. 그런 사람들과 베드로가 지금 함께 앉아 있다는 것입니다. 베드로는 예수님의 제자이고 사도입니다. 열두 제자 가운데에서도 특별히 예수님의 수제자라고 평을 듣는 사람입니다.

 그런 베드로가 왜 여기에 앉아 있습니까?

예수님이 재판받으시는 곳에 함께 끌려가고 예수님이 죽으시는 곳에 함께 가는 것이 베드로 아닙니까?

자신이 있어야 할 곳에 있지 않고 엉뚱한 곳에 있다는 것입니다. 자신의 신분을 몰랐다는 것이지요. 여러분, 자신의 신분을 잊어버리면 믿음이 떨어지게 됩니다. 내가 누구인지를 알아야 믿음이 강건해집니다. 그런데 내가 누구인지를 모르니까 세상을 살면서 어떤 상황에 부딪치면 믿음이 떨어지게 됩니다.

사랑하는 성도 여러분!

성도는 거룩한 무리입니다. 세상과 완전히 구별된 무리입니다. 그러므로 성도로서의 삶을 살아야 믿음이 떨어지지 않습니다. 세상을 살면서 만나게 되는 여러 가지 일들 앞에 세상과 타협하고 세상을 바라보는 순간 믿음은 떨어지게 됩니다. 거룩한 무리는 거룩성을 유지해 나가야 합니다. 그야말로 하늘이 두 쪽 나도 하나님의 자녀는 하나님의 자녀답게 살아야 합니다. 이것이 우리의 신분입니다. 그런데 베드로는 자신의 신분과 자신의 위치를 몰랐습니다.

얼마나 안타까운 일입니까?

주일도 마찬가지입니다. 주일에 내가 있어야 할 곳은 지금 예배드리는 이곳입니다. 자신의 신분을 알면 내가 있어야 할 곳은 어디인지, 무엇을 지켜야 하는지 답이 나옵니다. 그런데 신분을 잊어버리면 믿음이 점점 약해집니다. 한번 범죄 하기가 어렵지 그다음 범죄는 쉽게 이어집니다. 한번 주일을 지키지 않게 되면 두 번 세 번은 쉽게 이어지는 것입니다. 그래서 내가 있어야 할 곳을 알고 지켜야 할 것은 반드시 지켜야 합니다.

셋째, 믿음을 떨어지게 하는 또 다른 요소는 비교를 통한 나태함입니다.

오늘 본문과 똑같은 사건을 다루고 있는 마태복음 26:33에 보시면 이런 내용의 말씀이 있습니다.

> 베드로가 대답하여 이르되 모두 주를 버릴지라도
> 나는 결코 버리지 않겠나이다(마 26:33).

사랑하는 성도 여러분!

이것은 베드로가 한 말입니다. 베드로가 이 말을 하기 전에 31절을 보시면 예수님께서 제자들에게 경고의 말씀을 하십니다. 목자를 치면 양들이 다 흩어질 것이라고 말입니다. 그리고 자신이 십자가에 죽으실 것을 예언하시자 베드로가 예수님께 자신 있게 말합니다.

다른 제자들이 다 주를 버려도 자신만은 버리지 않겠다고 말입니다. 베드로는 나머지 제자들은 주님을 버릴 가능성이 있는 사람들이라고 생각한 것입니다. 한마디로 자신은 다른 제자들과 차원이 다른 예수님의 수제자라는 것입니다. 다른 열한 명의 제자들을 완전히 무시한 것입니다.

누가복음에 보시면 성전에 올라가서 하늘을 향하여 손을 들고 기도하는 바리새인과 세리의 모습이 나옵니다. 주님의 은혜에 감사만 하면 되는데 바리새인은 기도하는 가운데 세리와 비교를 하며 자신의 우월함을 나타냅니다. 이것이 믿음을 떨어지게 하는 나태함을 일으킨다는 것을 기억하셔야 합니다.

자신을 다른 사람과 비교하면서 어느 정도 만족감을 느끼게 됩니다. 비교하려면 자기보다 훌륭한 사람과 비교해서 좀 더 도약하고 힘을 내서 역동적으로 앞으로 나가야 하는데 자신보다 못한 사람들과 비교를 합니다. 주님 앞에 충성하는 사람들과 자신의 신앙을 비교하지 않고 자신보다 못한 사람들과 비교합니다. 그렇게 비교하면서 자신이 우월하다고 생각합니다. 그 비교를 통해 자신의 신앙이 그 자리에 멈춰 있다면 여러분의 믿음이 약해지고 있는 것입니다.

또한, 이런 비교를 통해 나태해질 수 있습니다. 믿음을 떨어지게 하는 이런 요소들이 베드로에게서 나타났습니다. 그렇다면 우리는 믿음이 떨어지지 않았는지 생각해 보고 떨어졌다면 회복해야 합니다. 믿음이 회복되는 역사가 여러분에게 있으시기를 예수님의 이름으로 축복합니다.

믿음을 회복하기 위해서는 어떻게 해야 할까요?

첫째, 믿음을 회복하기 위해 가장 중요한 것은 말씀을 기억하는 것입니다.

베드로는 소극적으로 예수님을 따라갔습니다. 자신의 신분을 망각하고 앉지 말아야 할 곳에 앉아 있었습니다.

그 원인이 어디에 있을까요?

그리고 베드로가 다시 믿음의 자리를 회복하기 위해서는 어떻게 해야 할까요?

베드로가 이렇게 행동을 하기 전에 예수님께서 경고하셨습니다. 그 말씀이 61절에 나와 있습니다.

주께서 돌이켜 베드로를 보시니
베드로가 주의 말씀 곧 오늘 닭 울기 전에

네가 세 번 나를 부인하리라 하심이 생각나서(눅 22:61).

예수님께서는 베드로에게 분명히 경고하셨습니다.

베드로의 믿음이 떨어지지 않고 실패하지 않으려면 어떻게 해야 했을까요?

예수님의 말씀을 기억했어야 합니다. 예수님의 말씀을 기억하고 조심했어야 합니다. 그런데 실제로 예수님이 잡히시고 모든 상황이 제자들을 압박해 오자 예수님의 말씀을 잊어버리게 됩니다. 예수님께서는 베드로에게 믿음이 없다고 하지 않으셨습니다.

사랑하는 성도 여러분!

다윗과 골리앗이 싸울 때 골리앗을 본 이스라엘 군사들이 무서워서 바위틈에 다 숨었다고 했습니다.

이들이 처음부터 믿음이 없었을까요?

그렇지 않습니다. 상황에 부딪친 것입니다. 골리앗이라는 환경에 부딪치자 우리의 군사력, 무기로는 골리앗을 절대 쓰러뜨릴 수 없다고 생각했습니다. 그래서 숨은 것입니다.

그런데 다윗은 어떻게 했습니까?

만군의 여호와의 이름을 의지하여 앞으로 나갔습니다. 이스라엘 군사들이 2.9m의 거인 골리앗을 만나게 되자 믿음을 잃어버렸습니다. 믿음이 없었던 것이 아니라 상황에 부딪쳐 믿음을 잃어버린 것입니다. 우리도 마찬가지입니다. 인생을 살면서 골리앗이라는 거대한 장벽을 만나게 됩니다. 내 힘으로 도저히 어떻게 해 볼 수 없는 상황을 만날 수 있습니다. 그럴 때에 우리의 믿음을 잃어버릴 수 있습니다.

그러니 여러분, 주의 말씀을 기억하셔야 합니다.

내가 언제나 너와 함께 하겠다는 주의 말씀을 기억하십시오.

내가 너를 구속하여 불렀나니 너는 내 것이라고 말씀하신 것을 기억하십시오.

그리고 그 장벽을 뚫고 나가는 것입니다.

둘째, 믿음을 회복하기 위한 다음 방법은 철저히 회개하는 것입니다.

단순한 후회나 뉘우침의 차원이 아니라 가던 방향을 멈추고 돌아서는 것이 회개입니다. 우리의 믿음이 회복되려면 가던 길을 멈춰야 합니다. 베드로전서의 말씀입니다.

> 너희가 음란과 정욕과 술취함과 방탕과 향락과 무법한 우상 숭배를 하여 이방인의 뜻을 따라 행한 것은 지나간 때로 족하도다(벧전 4:3).

예수 없이 산 생활은 이제 족하니 그만 죄지으라는 것입니다. 육체를 위해서 사는 것을 이제 그만하라는 것입니다. 잘못된 삶에서 돌이켜야 합니다. 주님 말씀대로 살지 못했던 방향에서 돌이켜야 합니다.

에베소교회에 주님께서 말씀하지 않으셨습니까?

> 그러므로 어디서 떨어졌는지를 생각하고 회개하여 처음 행위를 가지라(계 2:5).

가던 방향을 돌이키고 주님에 대한 뜨거운 사랑과 열정을 회복해야 한다고 말씀하신 것입니다. 믿음을 회복하려면 회개해야 합니다. 회개란 과감하게 방향을 돌이키는 것입니다. 손해를 보고 당장 무슨 일이 생긴다 할지라도 돌이켜야 합니다. 그래야 사는 것입니다.

그렇다면 돌이켜서 어느 방향으로 나아가야 할까요?

바로 사명의 방향으로 나아가야 합니다. 사명자의 길로 들어서야 합니다. 이것이 바로 믿음을 회복하는 것입니다.

"쿼 바디스 도미네?"(Quo vadis Domine?)

이런 유명한 말이 있습니다. 네로 황제가 로마의 기독교인을 엄청나게 박해했을 때 베드로가 간신히 로마 시내를 빠져나왔습니다. 산언덕을 넘어가다가 나무 그늘에서 잠깐 쉬면서 불타는 로마를 바라보고 있었습니다.

그때 베드로 옆으로 예수님께서 지나가셨습니다. 당시는 예수님께서 돌아가신지 30-40년이 흐른 뒤였습니다. 지나가는 예수님을 보고 베드로가 한 말입니다.

"쿼 바디스 도미네?"(주님 어디로 가시나이까?)

그때 주님께서 말씀하셨습니다.

"네가 버리고 나온 저 로마로 내가 십자가에 죽으러 다시 들어가노라."

베드로는 도망치던 방향을 돌이켜 다시 로마 시내로 들어갔습니다. 그리고는 예수님처럼 십자가에 똑바로 박혀서 죽을 수는 없으니 나를 거꾸로 매달아 달라고 해서 십자가에 거꾸로 매달려 순교의 잔을 마셨습니다. 가던 방향을 돌이켜 사명의 길로 들어간 것입니다.

사랑하는 성도 여러분!

믿음이 약해지셨습니까?

믿음을 회복하셔야 합니다. 믿음이 없이는 못 사는 것입니다. 믿음대로 살아야 합니다. 믿음을 회복하셔서 사명자의 길을 올바르게 걸어가시는 우리 성도님들이 다 되시기를 예수님의 이름으로 축복합니다.

8
믿음과 선교

예수께서 나아와 말씀하여 이르시되 하늘과 땅의 모든 권세를 내게 주셨으니 그러므로 너희는 가서 모든 민족을 제자로 삼아 아버지와 아들과 성령의 이름으로 세례를 베풀고 내가 너희에게 분부한 모든 것을 가르쳐 지키게 하라 볼지어다 내가 세상 끝날까지 너희와 항상 함께 있으리라 하시니라(마 28:18-20).

전도에 대해서 간혹 오해하는 사람들이 있습니다. 우리 하나님께서 하나님의 백성들을 선택했고 그 가운데 하나님의 예정이 있다는 것이 하나님의 예정론입니다. 하나님의 예정론에는 선택과 유기가 있는데 선택은 하나님께서 이미 하나님의 백성으로 삼아주시려고 택하신 하나님의 자녀들이고 유기는 하나님께서 지옥에 멸망시키시려고 이미 선택된 자들입니다.

우리는 하나님의 예정론, 하나님의 선택론을 믿습니다. 그런데 많은 사람이 오해하는 것이 그렇다면 우리가 굳이 나가서 복음을 전하지 않아도 선택된 자들은 하나님께서 구원시킬 것 아니냐는 것입니다.

하나님의 선택을 믿는다면 우리가 나가서 굳이 복음을 전할 필요가 있는가?

한마디로 선교 무용론입니다. 전도하지 않아도 된다는 말이지요.

구원에 있어서 우리는 칼빈주의를 믿습니다. 칼빈이 말한 다섯 가지 교리가 있는데 우리는 그 교리를 믿습니다. 구원은 하나님의 절대 주권인데 이 말은 하나님에 의해서만 사람이 구원받는다는 것입니다. 사람의 어떤 공로나 의, 행위에 의해서 구원에 이를 수 없다는 것입니다. 그런데 사람의 행위, 공로에 의해서 구원을 받을 수 있다고 말한 알미니우스 사람들도 있었습니다.

알미니우스의 주장에 의해 알미니안주의가 나오게 되었고 칼빈은 이와 반대되는 주장을 펼쳐 칼빈주의가 나오게 된 것입니다. 칼빈은 구원은 오직 하나님의 절대 주권 속에 있고 하나님이 구원시키고자 하시면 구원을 받는다는 하나님의 절대 주권을 강조하는 다섯 가지 교리를 내세웠는데 이 다섯 가지 교리를 기억해 두시면 좋습니다. 다섯 가지 교리의 첫 글자를 따서 튤립, TULIP이라고 기억하면 쉽습니다. 그 다섯 가지 교리는 다음과 같습니다.

첫째, T(Total Depravity): 전적 타락입니다.

전적 타락이란 사람이 완전히 타락했다는 뜻입니다. 구제받을 길이 없고 구원에 있어 무능력하다는 것입니다.

둘째, U(Unconditional Election): 무조건적 선택입니다.

타락한 백성들 가운데에서 어떤 조건을 보지 않고 하나님께서 선택해서 하나님의 자녀로 만들어 주셨다는 것입니다.

셋째, L(Limited Atonement): 제한 속죄입니다.

당시에 칼빈과 대적했던 알미니우스는 보편적 속죄, 우주적 속죄를 주장했습니다. 즉 예수님은 모든 사람을 위해서 십자가에 죽으셨다는 것입니다. 그러나 우리는 하나님의 선택된 백성들만을 위해서 예수님께서 십자가에서 대속의 피를 흘리셨다는 제한 속죄를 믿습니다.

넷째, I(Irresistible Grace): 불가항력적 은혜입니다.

하나님께서 주시는 은혜를 우리는 거부할 수 없다는 것입니다.

다섯째, P(Perseverance of the Saints): 성도의 견인입니다.

이렇게 선택된 하나님의 자녀들은 천국 가는 그 순간까지 성령께서 이끄신다는 것입니다. 고장 난 자동차를 레커차가 와서 끌고 가는 것처럼 성령께서 고장 난 저와 여러분을 천국까지 끌고 가신다는 것입니다. 성령께서 우리를 끌어주지 않으시면 우리는 교회에 나올 수도 없고 하나님의 자녀로서 세상을 살아갈 수가 없습니다.

여기서 하나님의 선택에 대해 사람들이 오해하게 됩니다. 하나님께서 선택했다면, 하나님의 예정 가운데 선택된 백성이라면 어느 때든지 하나님의 자녀가 될 텐데 굳이 나가서 복음을 전할 필요가 있느냐는 것입니다. 여기서 칼빈은 하나님의 절대 주권을 강조한 것입니다. 온 우주 만물의 절대 주권자이신 전능하신 하나님을 우리는 인정할 필요가 있습니다.

인간은 완전히 죄성에 물들어 있는 존재라 그들은 하나님의 선택과 성령의 거듭나게 하는 사역이 없으면 그 누구도 구원받을 수가 없습니다. 전적으로 타락했기 때문에 자기의 힘으로는 도저히 구원받을 수 없습니다. 그래서 하나님의 전적인 선택, 하나님의 무조건적인 선택이 우리에게 있어야 합니다.

그럼 선택된 하나님의 백성들은 언제 구원을 받을까요?

선택된 하나님의 백성들은 하나님이 정하신 때가 되면 성령에 의해서 인도를 받아 하나님의 말씀, 복음을 듣게 됩니다. 복음이란 구원을 베푸시는 하나님의 은혜입니다.

하나님의 선택된 백성들은 복음에 반응하게 되는데 반응을 하는 것 또한 성령의 역사입니다. 성령님께서 우리가 반응하게 만드십니다. 복음을 들을 때 그 복음에 반응하고 내가 죄인임을 깨닫고 주의 십자가를 품게 되고 붙잡게 되는 놀라운 체험을 하게 됩니다. 주님의 십자가 앞에 무릎 꿇는 역사를 스스로가 하게 된다는 것입니다. 이것이 성령의 역사입니다.

바로 여기서 선택 교리에 대한 오해가 생겨서 선교할 필요가 없고 복음을 전할 필요가 없다는 말이 나오게 된 것입니다.

그러나 우리가 기억해야 할 것이 있습니다. 당시 종교 개혁가 칼빈의 기본적인 생각은 하나님께서는 계획을 이루시기 위해서 사람을 사용하신다는 것입니다. 그러니까 이미 구원받은 저와 여러분들을 사용하셔서 하나님의 선택을 받았지만, 아직도 교회에 나오지 않는 사람들에게 복음을 전하게 하신다는 것입니다. 그래서 복음 전파의 책임이 우리에게 있습니다.

이미 구원받은 저와 여러분들이 나가서 복음을 전하면 그들은 어떻게 할까요?

우리의 복음을 듣고 하나님의 선택된 백성들은 성령의 역사로 인해서 반응하게 됩니다. 그리고 그들도 하나님의 자녀들로서 교회에 나오게 됩니다. 그런데 이런 오해가 칼빈 시대뿐만 아니라 오늘날에도 똑같이 있습니다. 하나님의 선택된 백성들이니까 우리가 굳이 나가서 복음을 전하지 않아도 된다고 생각합니다.

여러분! 그렇다면 잠잠하지 말고 전하라는 말씀이나 마태복음 28장의 대위임 명령은 왜 하셨겠습니까?

하나님의 선택을 이루는 도구인 저와 여러분들이 나가서 복음을 전해야만 합니다. 저와 여러분이 하나님의 선택의 도구가 되었고 하나님의 선택을 성취하기 위해서 하나님이 저와 여러분들을 한 사람의 동역자로 삼아주셨습니다. 하나님의 선택 최종 완성은 저와 여러분들이 복음을 전함으로 많은 생명을 구원해내는 것에 있습니다. 그러니까 하나님의 선택은 복음 전파의 책임으로 연결이 됩니다.

하나님의 선택을 받은 사람들을 구원하시기 위해서 하나님께서는 바로 여러분들을 사용하시기를 원하고 계십니다. 그래서 여러분들은 지역 선교사의 사명을 감당해야 합니다. 하나님의 선택을 받은 사람은 자동으로 복음 전파의 책임이 주어지고 복음을 전파하는 발걸음이 되어야 합니다. 이것을 바꿔 표현하면 우리가 하나님의 선택을 받은 하나님의 자녀들로서 복음을 전하지 않으면 직무유기를 하는 것입니다. 내 책임을 감당하지 않고 회피하는 것입니다.

하나님의 준엄한 명령이 우리에게 주어졌는데, 복음 전파의 책임이 우리에게 주어졌는데 하지 않는 것 자체가 범죄이고 말씀을 어기는 죄악이 됩니다. 그러니까 '복음 전파 안 하면 뭐 어때?'라고 간단하게 생각하시면 안 됩니다. 하나님의 선택을 받은 자, 예수 그리스도를 믿어서 하나님의 자녀가 된 저와 여러분들은 반드시 복음 전파를 해야 합니다.

예수님께서도 하나님의 선택 때문에 믿음을 가진 사람들은 전도의 책임이 있다고 말씀하셨습니다. 하나님의 선택을 받은 자들에게 복음 전파와 선교의 책임이 있다는 점을 중요하게 생각하셔서 예수님께서도 선교명령을 내리셨습니다. 그 선교명령이 바로 오늘 본문 마태복음 28:18-20 말씀입니다. 감람산에 모인 오백여 형제들 앞에서 구름을 타고 승천하신 예수님께서 마지막으로 하신 말씀이 오늘 본문의 말씀입니다.

> 예수께서 나아와 말씀하여 이르시되
> 하늘과 땅의 모든 권세를 내게 주셨으니
> 그러므로 너희는 가서 모든 민족을 제자로 삼아
> 아버지와 아들과 성령의 이름으로 세례를 베풀고
> 내가 너희에게 분부한 모든 것을 가르쳐 지키게 하라

볼지어다 내가 세상 끝날까지
너희와 항상 함께 있으리라 하시니라(마 28:18-20).

예수님께서 마지막에 명령하셨기 때문에 마지막 유언과도 같은 말씀입니다. 여러분, 기억하셔야 합니다. 하나님의 선택을 받은 자는 반드시 복음 전파의 책임이 있습니다.

그럼 어떤 방법으로 선교해야 하는지, 선교하는 단계는 무엇인지 예수님의 선교명령을 통해 살펴보겠습니다. 오늘 본문 중에 제자를 삼으라는 것과 가서 세례를 베풀고 가르쳐 지키게 하라는 말이 있습니다.

먼저 제자를 삼으라는 것인데 제자를 삼기 위해서 어떻게 해야합니까?

"가라, 세례를 베풀어라, 가르치라"는 것입니다. 그러니까 한 사람의 제자를 만들기 위해서 가야 하고, 세례를 베풀어야 하고, 가르쳐야 한다는 뜻입니다. 헬라어에서는 제자 삼으라는 말을 수식하는 분사형으로 되어 있습니다. 제자를 삼기 위한 세 가지 단계입니다.

첫째 단계는 제자를 삼기 위해 가는 것입니다.

하나님의 선택을 받은 하나님의 자녀들 그러니까 믿

음을 가진 자들은 복음을 전파해야 하는데 복음을 전파하기 위해서는 먼저 가야 합니다.

예수님이 말씀하신 '가라'는 어떤 의미일까요?

나가서 전도하라는 뜻입니다. 여러분의 전도 대상자들에게 가라는 것입니다. 교회 공동체는 모이는 구조로서의 공동체만이 아닙니다. 그것만 있다고 생각하면 교회 공동체에 대해 오해하는 것입니다. 그러니까 모이는 구조(come structure)와 가는 구조(go structure)입니다. 모여서 하나님 앞에 예배드리고 은혜받고 성령의 충만함을 받고 말씀을 배우고 세상으로 가라는 것입니다. 세상으로 가서 빛이 되고 소금이 되고 세상에 나가서 하나님의 생명의 말씀을 전해서 영혼을 구원해내야 합니다.

둘째 단계는 세례를 베푸는 것입니다.

여러분이 가서 세례를 베풀 수는 없지 않습니까?

그렇다면 세례를 베풀라는 것은 무슨 의미일까요?

바로 등록 교인을 만들라는 뜻입니다. 그 성도에게 복음을 전할 때 성령의 강력한 역사를 구하면서 그 성도를 교회로 인도하여 등록 교인을 만드는 것입니다. 등록 교인이 되어야 목사가 세례를 베풀 수 있지요.

셋째 단계는 가르치는 것으로 양육하라는 것입니다.

여러분들께서 나가서 전도하고 등록 교인을 만들면 그다음 가르치는 것은 목사의 소관입니다. 여러분들을 하나님의 말씀으로 양육하고 하나님의 말씀으로 바로 세워나가고 믿음을 깊이 있게 만드는 일은 목사인 제가 할 일입니다. 바로 이런 단계를 거쳐서 생명을 구원하라고 예수님께서 말씀하셨습니다.

그렇다면 예수님의 선교명령을 잘 실천하기 위해서 우리의 실생활 속에서 구체적으로 어떻게 해야 할까요?

예수님의 선교사명을 감당하기 위해서는 먼저 은혜를 받아야 합니다.

사랑하는 성도 여러분!

성도님들에게 가장 필요한 것은 주의 은혜를 체험하는 것입니다. 하나님의 말씀을 듣고 지켜 행함으로 우리의 삶 속에서 하나님의 말씀이 실제로 나타나게 해야 합니다. 하나님의 말씀이 내 삶에 성취됨을 목격해야 합니다. 이것이 은혜받는 것입니다. 기도하는 중에 하나님의 은혜를 체험하고 하나님의 말씀을 듣는 중에 은혜를 체험하게 됩니다.

하나님이 나에게 주시는 말씀을 통해 내 마음의 찔림을 얻는 이런 체험들이 우리에게 있어야 합니다. 물론 구원은 하나님의 절대 주권 속에 있어서 우리의 힘으로 되는 것이 아닙니다. 모든 구원의 역사는 하나님 손에 달려 있지만, 우리가 은혜받아야 하나님의 수단으로, 하나님의 도구로 쓰임받을 수 있습니다. 은혜받으면 삶이 달라지고 선교할 수 있습니다.

기독교 방송을 통해 한 여성 선교사님을 보게 됐는데 그분은 신학을 공부하신 분이 아니었습니다. 한국에서 유치원 원장을 했던 분인데 자신의 소명을 깨달은 후 일을 다 그만두고 남편과 두 아들을 한국에 남겨 두고 선교지로 향했습니다. 필리핀에 가서 어린이들에게 영어로 설교하고 찬양을 가르치는 모습을 보았습니다.

하나님의 은혜를 받으면 주의 복음을 위해서 역동적인 삶을 살게 됩니다. 무엇이 가치 있는 삶이고 무엇이 올바른 삶인지 삶의 우선순위를 알게 됩니다.

그렇다고 해서 여러분들 모두 직장을 그만두고 선교지로 향하라는 것이 아닙니다. 은혜받지 못하면 세상에 매여서 살 수밖에 없습니다. 물질에 매이고, 돈에 매이고, 출세에 매이고, 자녀에 매여서 살게 됩니다. 은혜를 못 받으면 그저 세상 일에 취해서 주일에 교회에도 겨우 나오게 됩니다. 그마저도 세상 일이 바쁘면 주일에도 나오지 않지요.

그러다 나이가 들면 후회를 합니다. 그때는 내 손발이 마음대로 움직이지 않아서 주님의 일을 하고 싶어도 할 수 없게 됩니다.

하나님의 선택을 받은 자로서 선교사명을 감당하기 위해서는 우리가 먼저 은혜를 받아야 하는데 은혜는 구하는 자에게 주십니다. 은혜는 찾는 자에게, 문을 강력하게 두드리는 자에게 하나님께서 주십니다. 가만히 앉아 있으면 은혜는 없습니다. 울부짖어 구하셔야 합니다.

사랑하는 성도 여러분!

우리 신앙의 선배님들은 얼마나 하나님 앞에 울부짖어 은혜를 구했습니까?

기도원 골짜기마다 얼마나 울부짖는 소리가 컸습니까?

지난번에 대전의 한 교회에 가서 강의하고 왔는데 수강생 중에 권사님이 한 분 계셨습니다. 제가 강의 중에 철야 기도회 문제에 대해 지적을 하자 저에게 반박하셨습니다. 권사님이 다니는 교회에는 권사회가 있어서 목요일마다 밤을 새워서 하나님 앞에 기도한다고 했습니다. 나오는 사람이 많지 않아도 권사님들끼리 모여서 교회 구석구석에서 교회와 목사를 위해서 밤을 새워 기도한다는 것입니다. 은혜를 이렇게 구해야 하나님이 은혜를 주십니다.

하나님의 선교 사명을 감당하기 위해서 은혜를 받았다면 그다음에는 무엇을 해야 할까요?

모든 족속을 품어야 합니다.

품는다는 것은 어떤 의미일까요?

잠재적 신자들을 마음속에 품는다는 것을 가리키는 것으로 성도가 될 가능성이 다분히 있는 사람들을 말합니다. 모든 족속을 품으라는 것은 태신자 운동과 비슷합니다. 어머니가 잉태해서 아이를 품는 것처럼 태신자를 마음속에 품는 것입니다. 여기서 저는 태신자 전도의 구체적인 전략을 말씀드리겠습니다.

태신자 전도, 태신자 선교의 정의를 먼저 알아보겠습니다. "내 마음에 전도 대상자를 잉태하여 기도와 만남을 통해 영적으로 출생시키는 것"이 태신자 전도, 태신자 선교입니다. 전도 대상자를 정하고 그다음에 그를 잉태하는 것입니다. 마음속에 품는 것이지요. 잉태 없이는 출산도 없듯이 먼저 품어야 합니다.

그렇다면 누가 태신자가 될 수 있을까요?

예수를 믿지 않는 여러분의 가족들이 1차 대상자입니다. 다음으로 여러분의 친구, 동창, 입사 동기나 직장 동료, 고향 친구들이 2차 대상자들입니다. 그리고 여러분이 다니는 마트 아주머니나 미용실 원장, 피아노 학원 선생 등 여러분의 이웃들이 3차 대상자가 됩니다.

어머니가 아이를 잉태하고 출산하기까지 열 달 동안 얼마나 많이 조심하고 노력합니까?

마찬가지로 우리도 영적으로 출산할 때까지 해야 할 일이 있습니다.

우리가 영적으로 생명을 출생하기 위해서는 두 가지 방법이 있는데 바로 기도와 만남입니다. 전도 대상자를 정하고 마음속에 품었다면 그들을 위해 기도하기 시작해야 합니다. 그들의 이름을 말하면서 하나님 앞에 강력하게 기도해야 합니다. 기도의 역사를 여러분들께서 체험하실 수 있을 것입니다.

기도는 강력한 힘입니다. 기도하면 하나님의 역사가 일어납니다. 저의 어머니는 평생의 기도 제목이 있었습니다. 저의 아버지께서 장로가 되는 것을 보시는 것이었습니다.

지금은 천국에 계신 저의 아버지는 자식들을 공부시켜 보겠다고 충남 부여 고향을 떠나 인천으로 오셔서 온갖 고생을 하시면서 자수성가하신 분입니다. 돈을 벌어서 자식들을 남부럽지 않게 공부시키고자 엄청 고

생하셨습니다. 교회보다는 돈을 버는 것이 첫 번째였지요. 새벽 4시면 일어나셔서 대충 씻으시고 시장에 가셨습니다. 열심히 사시고 하나님께서 복을 주셔서 돈을 많이 버셨습니다.

어머니도 아버지와 함께 장사하시며 고생을 참 많이 하셨습니다. 그러나 어머니는 세상에서 돈 많이 버는 것보다도 더 부러운 것이 있었는데 장로 부인 되는 것이었습니다. 그래서 아버지와 함께 장사하시면서 한편으로는 아침을 금식하시면서 기도하기 시작했습니다. 수요일, 금요일, 주일은 교회에 가셔서 밤을 새우며 남편 예수 믿고 장로 되게 해달라고, 그리고 삼 형제 자식들을 위해 기도하셨습니다.

그러던 어느 날 어머니가 중한 병에 걸려 병원에서 고칠 수 없다는 진단을 받게 되었습니다. 그래도 수술이라도 한번 해달라는 아버지의 간곡한 청에 수술을 받게 되었고 수술하는 날 수술실 앞에서 아버지의 회개의 역사가 일어났던 것입니다. 아버지는 즐겨 피우시던 담배를 꺾으며 회개하였고, 어머니는 히스기야 왕의 생명을 15년 연장하신 하나님께 막내아들 장가갈 때까지만 살려달라고 기도했습니다.

하나님께서 기도에 응답하셨고 어머니는 지금도 기

도하시며 건강하게 살아계십니다. 이후로 아버지는 교회에 빠짐없이 출석하며 신앙생활하다가 장로님이 되셨습니다. 지금 와서 생각해보면 아버지를 장로님 만들어 달라는 어머니의 기도를 하나님께서 들어주신 것이었습니다.

여러분, 기도하면 하나님께서 움직이십니다. 기도는 능력입니다. 태신자를 정해서 기도하시고 그리고 가서 만나야 합니다. 만나서 예수님을 소개하고 교회를 소개하는 것입니다.

만날 때 어떻게 해야 하겠습니까?

여러분의 물질을 좀 투자해야 합니다. 커피를 산다든지 음식을 대접하면서 교회를 소개하고 예수님을 소개하는 것입니다. 여러분이 만난 예수, 여러분이 알고 있는 그 예수, 예수님을 만나서 행복한 여러분의 삶을 소개해야 합니다. 그리고 교회로 인도하여 그들의 생명을 구원하는 것입니다. 내가 한 생명이라도 반드시 구원해내겠다는 각오로 영적 추수에 동참하셔야 합니다. 우리 하나님께서 여러분에게 기대하시는 것이 바로 이런 것입니다.

하나님의 선택을 받은 하나님의 자녀들에게는 반드시 복음 전파의 책임을 줍니다. 여러분에게 복음 전파의 책임이 있습니다. 예수님도 감람산에서 승천하시면서 여러분에게 선교명령을 내리셨습니다. 구체적인 선교 전략까지 말씀을 드렸으니 이제 실천하는 것은 여러분의 몫입니다. 여러분께서 말씀을 듣고 삶 속에 그대로 실천해서 열매를 거두시기를 예수님의 이름으로 축복합니다.

9
다섯 영웅들

아브라함과 다윗의 자손 예수 그리스도의 계보라 아브라함이 이삭을 낳고 이삭은 야곱을 낳고 야곱은 유다와 그의 형제들을 낳고 유다는 다말에게서 베레스와 세라를 낳고 베레스는 헤스론을 낳고 헤스론은 람을 낳고 람은 아미나답을 낳고 아미나답은 나손을 낳고 나손은 살몬을 낳고 살몬은 라합에게서 보아스를 낳고 보아스는 룻에게서 오벳을 낳고 오벳은 이새를 낳고 이새는 다윗 왕을 낳으니라 다윗은 우리야의 아내에게서 솔로몬을 낳고 솔로몬은 르호보암을 낳고 르호보암은 아비야를 낳고 아비야는 아사를 낳고 아사는 여호사밧을 낳고 여호사밧은 요람을 낳고 요람은 웃시야를 낳고 웃시야는 요담을 낳고 요담은 아하스를 낳고 아하스는 히스기야를 낳고 히스기야는 므낫세를 낳고 므낫세는 아몬을 낳고 아몬은 요시야를 낳고 바벨론으로 사로잡혀 갈 때에 요시야는 여고냐와 그의 형제들을 낳으니라 바벨론으로 사로잡혀 간 후에 여고냐는 스알디엘을 낳고 스알디엘은 스룹바벨을 낳고 스룹바벨은 아비훗을 낳고 아비훗은 엘리아김을 낳고 엘리아김은 아소르를 낳고 아소르는 사독을 낳고 사독은 아킴을 낳고 아킴은 엘리웃을 낳고 엘리웃은 엘르아살을 낳고 엘르아살은 맛단을 낳고 맛단은 야곱을 낳고 야곱은 마리아의 남편 요셉을 낳았으니 마리아에게서 그리스도라 칭하는 예수가 나시니라 (마 1:1-16).

저는 개인적으로 어떤 결단을 내리기가 쉽지 않습니다. 아마도 이것은 작은 공동체든 큰 공동체든 리더들의 고민일지 모릅니다. 어떤 일에 대한 결단을 내리면 그 이후에는 과감하게 추진하는 성격이지만 결단을 내리기까지 상당히 오랜 시간이 걸립니다. 그래서 이 점을 좀 고치고 싶습니다. 빨리빨리 결단하고 일을 추진하는 것이 인생을 낭비하지 않는 것이라는 생각이 들었기 때문입니다.

믿음이라는 주제를 가지고 성도님들과 말씀을 나누면서 믿음이 결단력의 또 다른 표현이라는 생각이 들게 되었습니다. 믿음의 사람은 세상을 살면서 순간순간 결단을 하고 살아간다는 것입니다.

오늘 본문 마태복음 1장에서 뜻밖의 사실을 발견하게 되었습니다. 우리가 잘 알듯이 마태복음 1장은 예수 그리스도의 족보를 기록한 책입니다. 마태복음 1장을 쭉 읽다 보면 다섯 명의 여인들이 등장하는 것을 알 수 있습니다. 당시 유대인 남자들은 이방인으로 태어나지 않은 것을 감사하고 여인으로 태어나지 않은 것을 감사한다고 아침마다 하나님 앞에 기도했습니다.

이런 사회적 상황을 고려해 봤을 때 예수님의 족보에 이 다섯 명의 여인이 올라갈 수 있었던 것은 뭔가 아주 특별한 점이 있었기 때문이라는 생각을 하게 되었습니다. 다섯 여인이 처해 있었던 상황적 요소와 그들이 겪었던 위기를 살펴보고 이들에게서 발견할 수 있는 공통점과 믿음을 연결해서 말씀을 함께 나누기를 원합니다.

첫째, 이들이 처했던 위기상황입니다.

오늘 본문에 보면 다말, 라합, 룻, 우리아의 아내라고 나와 있는 밧세바, 마지막으로 예수님의 육신의 어머니 마리아가 등장합니다.

① 먼저 다말의 상황을 한번 볼까요?

흔히 우스갯소리로 부흥사들께서 다말을 가리켜 다 말아먹는 여자라고 표현을 하는데 다말을 통해서 주시는 신학적인 메시지, 영적인 메시지를 놓치시면 안 됩니다. 아브라함, 이삭, 야곱, 요셉으로 이어지는 족장시대를 생각하다 보면 아브라함, 이삭, 야곱, 요셉을 통해서 예수님이 오신다고 생각하기 쉬운데 그게 아니라 아브라함과 이삭, 야곱, 유다를 통해서 예수님이 오시게 됩니다.

창세기 38장의 배경은 이렇습니다. 유다가 가나안

사람 수하의 딸과 결혼을 하게 됩니다. 요셉을 판 일로 인해 괴로워했던 유다는 형제들과 떨어져서 지내다가 수하의 딸과 결혼을 하게 된 것으로 생각됩니다.

가나안 여인과 결혼을 했다는 것 자체가 잘못된 것입니다. 이런 잘못된 상황 속에서 엘과 오난, 셀라라는 세 아들이 태어납니다. 엘과 오난은 나이 차이가 크지 않았지만, 셀라와는 나이 차이가 꽤 있었습니다. 엘은 다말과 결혼을 하게 되는데 엘의 외가는 이방 문화에 사로잡혀 있었던 가정입니다. 문화의 심층구조는 문화의 가장 핵심적인 구조인 종교로부터 시작되기 때문에 결과적으로 엘은 우상 숭배 종교를 갖고 있었습니다.

그러니까 유다의 아들들은 우상 숭배 종교와 우상 숭배 문화의 영향을 받으며 성장한 것입니다. 엘과 오난이 어떤 죄로 인해 죽었는지는 성경에 나오지 않지만 아마도 이방 문화에 영향을 받았기 때문에 하나님이 보시기에 악한 행동을 한 것으로 생각됩니다.

엘이 죽으면서 문제가 발생합니다. 당시 고대 근동에서는 계대법이 있었습니다. 계대법이란 형이 후손이 없이 죽으면 동생이 형수와 결혼을 해서 형의 후손을 잇는다는 법입니다. 엘이 후손이 없이 죽었기 때문에 동생 오난이 형수인 다말에게 들어가서 엘의 후손을 이어야 합니다. 그런데 오난이 생각하기에 형수와 결혼해서 낳은 자식은 자신의 자식임에도 불구하고 형의 후손이 되기 때문에 형수와의 사이에서 후손을 낳지 않기 위해 작전을 폈습니다. 이 일을 성경은 이렇게 말합니다.

> 오난이 그 씨가 자기 것이 되지 않을 줄 알므로 형수에게 들어갔을 때에 그의 형에게 씨를 주지 아니하려고 땅에 설정하매(창 38:9).

그러나 오난의 이 행동은 악했다고 성경은 말합니다. 결국 이 일이 하나님 보시기에 아주 악했기 때문에 하나님께서 오난마저 죽이셨습니다. 그러자 막내아들 셀라까지 죽게 될까 봐 유다는 겁이 났습니다. 그래서 며느리 다말에게 친정에 가서 셀라가 장성하기를 기다리라고 말합니다. 시아버지 유다의 말대로 다말은 친정에 가서 기다렸습니다.

그런데 셀라가 장성했는데도 다말을 그의 아내로 주지 않자 다말이 결단을 내립니다. 이대로 가다가는 후손도 없이 아무도 자신을 기억하지 않는 상황에 처하게 된다고 생각했습니다.

9 다섯 영웅들

이 당시 여인에게 있어 자식이 없다는 것은 생존하는 데 절대적인 위협이 되는 것입니다. 따라서 다말에게 셀라를 주지 않는다는 것은 다말의 생명을 위협하는 것이나 마찬가지입니다. 자식이 없어서 땅을 유산으로 물려받지 못한 여인, 그리고 당시에 여성 혼자 사회생활을 할 수 없었기 때문에 결국에는 경제적으로 굶어 죽게 되는 비참한 처지에 있었던 여인이 살 수 있는 방법을 찾았던 것입니다.

유다의 아내가 숨을 거두자 유다는 위로를 받기 위해서 친구를 만나러 딤나라는 곳에 갔습니다. 그 소식을 듣게 된 다말은 창녀의 복장을 했습니다. 창녀의 옷은 일반 옷과는 달랐습니다. 창녀의 옷을 입은 다말은 시아버지 유다를 유혹했고 결국 두 사람은 동침하게 됩니다.

그 후에 유다가 염소 새끼 한 마리를 값으로 주겠다고 하자 다말이 담보물로 유다의 목에 달린 도장과 도장을 매달아 놓은 끈과 유다가 짚고 다니는 지팡이를 달라고 합니다.

석 달쯤 후에 며느리 다말이 임신했다는 소식이 유다에게 들렸습니다. 그러자 유다는 그를 끌어내어 불사르라고 말합니다. 끌려나가면서 다말은 유다에게 받앉던 도장과 끈과 지팡이를 보내면서 이 물건의 주인으로 인해 임신하게 되었다고 말을 합니다. 그 물건들을 알아본 유다는 다말이 나보다 옳다고 하면서 다시는 다말을 가까이 하지 않겠다고 합니다.

그때 다말이 낳은 아들이 쌍둥이 베레스와 세라입니다. 베레스를 통해서 예수 그리스도의 족보가 이어지게 됩니다. 여기에서 우리에게 주는 영적인 의미를 생각해 봐야 합니다.

있을 수 없는 죄악으로 인해 메시아를 보내주셨고 메시아를 통해 인간의 죄를 무한히 용서하시고 구원하시려는 하나님의 은혜가 그 가운데 나타나는 것입니다. 도저히 구원받을 수 없는 저와 여러분들을 더럽고 추악한 죄악 가운데에서 구원해주시기 위해서 예수님께서 이 땅에 오셨다는 메시지를 발견할 줄 알아야 합니다.

또한, 하나님께서는 이렇게 악한 씨마저도 용납하셔서 선하게 변화시키시고 하나님의 큰일을 맡기시는 분이십니다. 인간은 언제라도 범죄할 수 있는 존재이지만 하나님 앞에 깨닫고 돌아올 때 하나님께서 얼마든지 그를 선하게 만드시고 복의 근원으로 만들어 주십니다. 그래서 우리 같은 죄인들에게 희망이 있는 것입니다.

② 그다음 여인은 라합입니다.

여호수아 2장에 등장하는 라합은 누구입니까?

라합은 앞에 항상 기생이라는 말이 붙습니다. 그만큼 사회에서 천대받는 사람입니다. 라합은 여리고 성에 사는 사람이었는데 당시 여호수아를 비롯한 이스라엘 백성들은 하나님의 뜻에 따라 여리고 성을 점령하려고 계획하고 있었습니다. 여리고 성을 점령할 전략을 짜기 위해 여리고 성을 정탐하기로 하고 두 명의 정탐꾼을 보냅니다.

정탐꾼들이 여리고 성에 들어가자마자 여리고 성 사람들이 알게 되고 여리고 왕에게까지 보고가 들어갑니다. 그사이 두 명의 정탐꾼은 라합의 집에 들어가서 숨었습니다. 군인들이 잡으러 오는 것을 보고 라합은 두 명의 정탐꾼을 지붕 위에 숨겼습니다. 그리고는 군인들에게 정탐꾼들이 우리 집에 오기는 왔는데 조금 전에 나갔다고 말합니다. 얼른 따라가면 잡을 수 있다는 라합의 말에 군인들은 정탐꾼들을 잡으러 나갔고 곧 여리고 성문이 닫혔습니다.

그리고 라합이 정탐꾼들에게 말을 합니다. 여호와께서 이 땅을 이스라엘 백성들에게 주실 것도 알고, 너희의 하나님이 지금까지 행하신 일도 알고, 너희의 하나님은 위로는 하늘에서도 아래로는 땅에서도 하나님이심을 안다고 말했습니다.

사랑하는 성도 여러분!

라합에게는 자신의 신분을 바꿀 기회가 있었습니다. 만약 그때 군인들에게 정탐꾼들을 밀고했다면 자신의 살림도 나아지고 신분까지도 바꿀 수 있었을 것입니다. 그러나 라합은 상천하지의 하나님을 두려워하는 결정을 내렸습니다. 유일신 하나님을 선택했습니다. 이것이 바로 라합의 결단입니다.

③ 다음은 룻입니다.

베들레헴 사람 엘리멜렉과 나오미는 부부로 말론과 기룐이라는 두 아들이 있었습니다. 그들이 살던 땅에 흉년이 들자 흉년을 피해 모압 지역으로 내려갔습니다.

그곳에서 두 아들은 모압 여인과 결혼을 하게 되는데 기룐의 아내는 오르바, 말론의 아내는 룻입니다. 모압 지방에서 살다가 나오미의 남편 엘리멜렉이 죽고 두 아들마저도 죽게 됩니다. 그러자 나오미와 두 며느리는 더 이상 모압 지방에서 살 수 없다는 생각에 고향 베들레헴으로 돌아가기로 마음먹습니다.

그때 나오미가 두 며느리에게 말했습니다. 내 태중

에 너희 남편 될 아들들이 있는 것도 아니고 나는 늙어서 다시 남편을 둘 수도 없고 다시 남편을 두어 아들을 낳는다 해도 그들이 자라기를 기다릴 수는 없으니 친정으로 돌아가라고 말입니다. 오르바는 울면서 시어머니 나오미와 입을 맞추고 친정으로 돌아갔지만 룻은 가지 않았습니다.

그러면서 시어머니 나오미에게 뭐라고 말했습니까?

어머니를 떠나지 않을 것이라고, 어머니가 가시는 곳에 나도 가고 어머니가 머무시는 곳에서 나도 머물고 어머니의 백성이 나의 백성이 되고 어머니의 하나님이 나의 하나님이 되고 어머니가 죽으시는 곳에 나도 죽어 묻힐 것이라고 말합니다. 그래서 두 사람은 함께 베들레헴에 도착하게 됩니다.

이제부터 룻이 시어머니를 봉양해야 하는데 당시의 사회에서는 여성이 경제적으로 할 수 있는 일이 아무것도 없었습니다. 여성이 나가서 돈을 번다는 것은 있을 수가 없는 일인 것입니다.

결국, 룻은 이삭 줍는 일을 합니다. 남의 밭에 들어가서 떨어진 이삭을 하나씩 하나씩 주워서 시어머니를 섬깁니다. 이런 모습을 보면서 우스갯 소리로 룻을 모든 며느리의 공공의 적이라고 말하기도 하지요. 그러나 며느리 되시는 분들에게는 룻과 같은 은혜가 있으시기를 예수님의 이름으로 축복합니다.

그때 룻이 들어가서 이삭을 줍던 밭이 보아스의 밭이었습니다. 성경은 말하기를 보아스는 유력한 자, 기업을 무를 자라고 표현하고 있습니다. 여기서 우리가 발견할 수 있는 것은 고엘 제도입니다.

예를 들어 남편이 죽었거나 가세가 기울면 가지고 있던 땅을 처분합니다. 그러면 친척인 기업 무를 자가 이 땅을 산 다음에 이 땅을 통해서 먹고 살라고 다시 주는 것이 고엘 제도입니다. 그래서 나오미가 보아스를 가리켜 기업을 무를 자라고 표현한 것입니다.

보아스가 유력한 사람이고 기업을 무를 자라는 것을 알았던 나오미는 보아스가 잠든 것을 보면 그의 발치 이불을 들고 거기 누우라고 며느리 룻에게 말합니다. 발치 이불을 든다는 것은 이제 당신의 여인이 되겠으니 처분대로 하라는 의미입니다.

성도 여러분!

룻의 미래를 생각해서 과감한 결단을 내린 나오미를 보십시오. 그리고 시어머니 나오미의 말에 순종해서 발치에 눕는 룻을 보십시오. 이것이 룻의 결단입니다.

그런데 만약에 보아스가 거절한다면 어떤 상황이 발

생합니까?

룻은 방탕하고 음탕한 여인이 되어 돌에 맞아 죽는 심각한 상황이 발생하게 됩니다. 당시 보아스와 룻은 나이 차이도 크게 났습니다. 이 사실을 알았던 보아스가 룻에게 네가 젊은 자를 따르지 않았다고 말하기도 했습니다.

④ 네 번째 여인은 밧세바입니다.

다윗 왕이 전쟁을 치르는 중에 하루는 쉬면서 옥상에 올라갔습니다. 옥상에서 거닐다가 저쪽에서 목욕을 하는 한 여인 밧세바를 보게 되었습니다.

달빛이 비치는 밤에 그 모습이 얼마나 아름다워 보였겠습니까?

그래서 다윗은 밧세바를 불러서 바로 취하게 됩니다. 이 일이 있고 난 뒤에 밧세바는 임신하게 되었고 다윗은 이 일을 감춰버리려고 합니다. 그래서 밧세바의 남편을 알아보니 전쟁터에서 전쟁을 하는 자신의 부하 우리아였습니다.

다윗은 요압 장군에게 명을 내려 우리아를 왕궁으로 보내라고 합니다. 왕궁으로 온 우리아에게 요압의 안부와 군사의 안부를 묻고는 집에 가서 쉬라고 합니다.

다윗 자신의 행동을 감추기 위해서 우리아를 집으로 보내려고 한 것인데 우리아는 집으로 가지 않았습니다. 다음 날 우리아가 집으로 가지 않은 사실을 안 다윗은 왜 집으로 가지 않았는지 물었습니다. 그러자 우리아는 내 주 왕께서 왕궁에 계시고 내 주 요압과 동료들이 전쟁터에 있는데 나 홀로 집에 가서 편히 누워 아내와 잠을 잘 수 없다고 말합니다.

얼마나 충실한 부하입니까?

다윗이 이 군인을 보고 자신의 죄를 깨닫고 회개했으면 오죽 좋았겠습니까?

그러나 다윗은 참으로 비겁한 계획을 세웠습니다. 다윗의 인생에서 참으로 안타까운 오점을 남기게 됩니다.

이 충실한 군인을 결과적으로 다윗이 어떻게 합니까?

다윗이 편지를 써서 우리아의 손에 들려 요압에게 보냈습니다. 그 편지의 내용은 가장 치열한 전투에 우리아를 앞세우고 나머지는 후퇴하여 우리아로 하여금 맞아 죽게 하라는 것이었습니다.

결과적으로 그 전투에서 우리아는 죽게 됩니다. 밧세바는 우리아가 죽은 후 다윗 왕의 부름으로 왕궁에 들어가 다윗의 아내가 되었습니다. 밧세바는 어떤 면에서 과감하게 결단을 내렸다고 볼 수 있고, 궁에 들어가 다윗의 부인이 됩니다. 그리고 솔로몬이 태어납니다.

⑤ 마지막 여인은 마리아입니다.

천사 가브리엘이 마리아를 찾아와서 너는 성령으로 잉태되었고 복 있는 자가 될 것이라며 성령 잉태 소식을 전합니다. 한마디로 처녀가 임신을 한 것입니다. 처녀가 임신했다는 것은 돌에 맞아 죽을 일이었습니다.

사랑하는 성도 여러분, 마리아의 행동을 보십시오.

"나는 남자를 알지 못하는데 어찌 이런 일이 있을 수 있습니까?"

이렇게 묻는 마리아에게 천사가 "대저 하나님의 말씀은 능하지 못하심이 없느니라"고 대답하자 "주의 여종이오니 말씀대로 내게 이루어지이다"(눅 1:34-38)라고 합니다. 도무지 이해되지 않는 상황이 벌어졌는데 "주님의 말씀대로 하옵소서"입니다. 이 모든 것을 받아들입니다.

지금까지 다섯 명의 여인들을 살펴보았는데 다섯 여인에게는 공통점이 있습니다. 바로 위기를 만났다는 것입니다.

둘째, 위기 대처입니다.

위기를 만났을 때 이 여인들은 어떻게 대처했습니까?

전부 정면 돌파를 했습니다. 그래서 저는 이 여인들을 'five heroes'(다섯 명의 영웅들)이라고 표현하고 싶습니다. 이 여인들은 위기를 만났을 때 절대로 변명하지 않았습니다. 위기를 타개하려고 거짓말을 일삼지도 않았습니다. 사람들이 절체절명의 위기를 만나면 그 위기를 모면하기 위해서 거짓말을 합니다. 그러나 위기를 거짓으로 모면하면 또 다른 거짓말로 다른 위기를 넘겨야 합니다. 믿음의 특징은 바로 정면 돌파입니다.

위기를 만났을 때 치사하고 비굴하게 핑계대지 않고 다른 사람에게 의존하지 않고 남 탓하지 않고 모든 것을 정면 돌파하는 것입니다.

사랑하는 성도 여러분!

해결하려는 의지, 극복하려는 의지가 중요합니다. 믿음은 주님을 믿고 정면 돌파하는 것입니다. 주님의 이름을 앞세워서 전진하는 것이 바로 믿음입니다.

313년에 콘스탄틴 대제가 등극하면서 기독교에 대한 핍박과 박해가 멈춰지고 기독교가 로마를 장악하는 계기가 되었습니다. 콘스탄틴 대제는 당시 경쟁자인 막센티우스와 왕권을 놓고 전쟁을 하고 있었습니다.

312년 콘스탄틴은 막센티우스를 권좌에서 축출하기 위해 이탈리아로 행진했습니다. 콘스탄틴 군대와 막센티우스 군대가 로마에서 몇 마일 떨어져 있지 않은 밀비안 다리에서 서로 마주쳐 역사적 전투가 벌어졌습니다.

전투 하루 전 대낮에 콘스탄틴은 붉은 태양이 이글거리는 하늘에서 승리의 십자가 표시를 보았습니다. 그 위에는 이런 말이 쓰여 있었습니다.

"이 표지로 정복하라."

이 승리의 표시가 태양신이 보내신 것으로 생각한 콘스탄틴은 만약 전투에서 이긴다면 태양신의 전사가 되겠다고 서약했습니다.

다음날 콘스탄틴의 군대는 완전한 승리를 거두었고 막센티우스는 티베르 강을 건너 도망치다 물에 빠져 죽었습니다. 약관 24세에 콘스탄틴은 명실상부한 서방의 최고 통치자가 되었습니다.

하나님께서 로마 제국에 복음을 편만하게 전하기 위해서 콘스탄틴 대제를 사용하셨고 313년에 콘스탄틴 대제가 밀라노 칙령을 반포하게 됩니다. 밀라노 칙령으로 인해 기독교에 대한 박해가 종식되고 로마 제국이 복음화되었습니다.

로마가 군사적 용도로 사용하기 위해 만든 도로를

통해 하나님의 종들이 복음을 들고 로마 전역을 다니게 됩니다. 위기를 만났을 때 십자가를 앞세우고 전진하는 것이 바로 믿음의 사람입니다.

위기 앞에 절대로 낙심하지 마십시오.

하나님께서 하나님의 자녀들을 반드시 승리하게 하십니다.

다섯 영웅에게서 또 발견할 수 있는 위기 대처는 결단력입니다. 이 다섯 여인들은 자신들의 위기 상황에서 어떻게 행동해야 할지를 알았고 결단하고 행동으로 옮겼다는 공통적인 특징이 있습니다. 믿음의 특징은 바로 결단력입니다. 결단력은 과감한 행동으로 이어지게 됩니다.

사랑하는 성도 여러분!

신앙생활을 하면서 가장 불행한 것은 머뭇거리는 것입니다. 주님을 섬기는 일에 망설이는 것입니다. 열왕기상 18장을 보시면 엘리야가 바알과 아세라 선지자 850명과 싸우는 장면이 나옵니다. 21절에 보시면 엘리야가 백성들에게 강력하게 권면합니다.

> 엘리야가 모든 백성에게 가까이 나아가 이르되
> 너희가 어느 때까지 둘 사이에서 머뭇머뭇 하려느냐

여호와가 만일 하나님이면 그를 따르고
바알이 만일 하나님이면 그를 따를지니라 하니
백성이 말 한마디도 대답하지 아니하는지라(왕상 18:21).

주저하거나 머뭇거리는 인생을 살지 말라는 것입니다. 하나님을 믿으려면 하나님을 믿고 세상을 좇으려면 세상을 좇는 결단을 내려야 합니다. 양다리 걸치고 살지 말라는 것이지요. 하나님을 섬기면서 물질을 좇아가고 출세에 매이지 말라는 것입니다.

"그런즉 너희는 먼저 그의 나라와 그의 의를 구하라 그리하면 이 모든 것을 너희에게 더하시리라"(마 6:33).

이 말씀을 기억하셔야 합니다.

그러니 여러분, 이 다섯 여인처럼 결단해야 합니다. 나는 이제 주님만을 좇아서 내 남은 인생은 주님만을 위해서 살겠다는 결단이 필요합니다.

우리 주님이 얼마나 좋아하시겠습니까?

사랑하는 성도 여러분!

우리와 동시대를 살아가고 있는 수많은 신앙의 동지들이 결단하고 생명을 던지면서까지 주님을 좇아가고 있다는 것을 알고 계십니까?

아프리카의 어느 나라에서 목사님 가정이 이슬람 극

단주의자들에 의해 피살당했습니다. 목사님 집에 불을 질러서 목사님과 식구들이 다 죽었습니다. 이슬람 지역에서는 예배드리고 나오는 성도들을 향해 염산 테러를 일으키기도 하고 총을 쏘거나 옆구리를 칼로 찌르고 도망가는 일들이 일어나고 있습니다.

우리와 동시대를 살아가는 신앙의 동지들이 이렇게 신앙생활을 하고 있습니다. 주님을 위해서라면 내 목숨까지도 던지겠다고 결단하고 행동으로 옮기면서 살고 있습니다.

신앙의 자유를 가지고 있는 우리들은 어떻게 해야 하겠습니까?

결단하고 여러분의 삶을 바꿔야 합니다. 여러분이 가던 길을 돌이키고 주님이 기뻐하시는 삶으로 바꿔야 합니다. 나의 행동과 말투 하나하나를 여호와 하나님께서 기뻐하실지를 기준으로 삼고 살아가야 합니다. 결단할 뿐만 아니라 확실하게 행동으로 옮겨야 합니다.

사랑하는 성도 여러분!

이 여인들을 통해서 발견할 수 있는 것은 정면 돌파였습니다. 어떤 상황에 비굴하게 굴복하고 변명하거나 거짓말하지 않고 십자가를 앞세우고 정면 돌파하는 것이 믿음입니다.

믿음의 특징은 결단을 내리는 것입니다. 이제 세상을 좇지 않고 주님만을 좇겠다는 결단을 하는 것입니다. 그리고 과감하게 여러분의 삶을 바꾸는 것이 바로 믿음의 특징이라고 할 수 있습니다. 이 은혜가 여러분에게 있기를 바랍니다.

다섯 명의 영웅처럼 하나님 나라의 영웅으로서 세상을 지배하며 호령하며 살아가시는 우리 성도님들이 되시기를 예수님의 이름으로 축복합니다.

10
세상이 감당치 못할 사람

여자들은 자기의 죽은 자들을 부활로 받아들이기도 하며 또 어떤 이들은 더 좋은 부활을 얻고자 하여 심한 고문을 받되 구차히 풀려나기를 원하지 아니하였으며 또 어떤 이들은 조롱과 채찍질뿐 아니라 결박과 옥에 갇히는 시련도 받았으며 돌로 치는 것과 톱으로 켜는 것과 시험과 칼로 죽임을 당하고 양과 염소의 가죽을 입고 유리하여 궁핍과 환난과 학대를 받았으니 (이런 사람은 세상이 감당하지 못하느니라) 그들이 광야와 산과 동굴과 토굴에 유리하였느니라(히 11:35-38).

믿음의 사람은 세상이 감당치 못합니다. 오늘 말씀을 나누며 세상이 감당치 못하는 믿음의 사람이 되시기를 예수님의 이름으로 축원합니다.

한국 전쟁을 전후해서 나라 전체가 폐허가 되었습니다. 1945년 독립의 기쁨도 얼마 되지 않아 좌우익의 이념 투쟁으로 남과 북이 갈라지게 되고 모스크바 삼상회의에서 38도 선을 기준으로 북은 소련 군정이 관할하고, 남은 미국 군정과 유엔이 관할하게 되었습니다. 북은 공산주의 이념을 가진 김일성을 수반으로 조선인민주의공화국을 남은 이승만 장로를 대통령으로 삼아 대한민국 정부를 수립하였습니다.

이후 남과 북의 전쟁이 일어났습니다. 전쟁은 3년 1개월간 계속되었고 이 전쟁으로 남과 북은 폐허가 되었습니다. 전쟁 기간에 남과 북의 피해는 실로 엄청났지요. 일본에 의한 식민통치 그리고 연속된 전쟁으로 나라 전체가 폐허가 된 상황이었습니다.

그러나 소망의 하나님께서는 폐허 속에서도 복음을 통하여 다시 한번 이 땅에 희망을 주셨습니다. 어둠이 가득하고 미래가 보이지 않는 상황 중에서도 많은 목사님과 성도들께서는 발벗고 나서서 전쟁고아들을 돌보았고 가난한 백성들에게 음식을 제공하며 예수님의 제자로서의 빛 된 행동을 나타내었습니다. 이 당시 많은 사람이 교회로 들어왔고 예수님을 영접하는 일이 일어났습니다. 자신도 힘들고 삶이 열악하지만, 이웃을 돌보았던 믿음의 선조들은 그야말로 세상이 감당하지 못하는 사람들이었습니다. 고난과 역경 중에 더 빛나는 것이 그리스도인들이라고 할 수 있습니다.

본문 히브리서 11장에는 보석 같은 수많은 믿음의 영웅들이 나옵니다. 이 사람들을 가리켜 세상이 감당하지 못하는 사람이라고 성경은 말하고 있습니다. 우리 성도님들도 세상이 감당하지 못하는 성도들이 되시기를 바랍니다.

세상이 감당하지 못하는 자는 어떤 사람들입니까?

첫째, 부활의 소망이 있는 자들입니다.

부활의 소망이 있는 자를 세상이 감당하지 못합니다. 35절을 봅니다.

> 여자들은 자기의 죽은 자들을 부활로 받아들이기도 하며 또 어떤 이들은 더 좋은 부활을 얻고자 하여 심한 고문을 받되 구차히 풀려나기를 원하지 아니하였으며(히 11:35).

이 사람들은 믿음을 지키기 위해서 순교의 잔을 마셨다는 것입니다. 그들은 믿음을 지키기 위해서 수많은 고난을 겪었음을 알 수 있습니다.

"심한 고문을 받되."

이들이 받은 고문의 원인은 무엇입니까?

바로 예수님을 주인으로 모시고 있었기 때문입니다. 예수님을 너무 사모해서 다른 것들을 사랑할 수 없었기 때문입니다. "하나님 외에는 다른 신을 네게 두지 말라"는 주님의 준엄하신 말씀이 있었기 때문입니다. 이런 이유로 인해 고난과 고통을 받았지만, 이들은 부활의 소망으로 이 모든 고난을 이겨냈던 것입니다.

1866년 글래스고우대학교는 아프리카 선교사로 헌신적인 활동을 한 데이비드 리빙스턴 목사님께 법학박사 학위를 수여했습니다. 학위를 받기 위하여 강단으로 나오는 리빙스턴 선교사는 갖은 고초로 겉모양은 수척할 대로 수척해져 있었고 사자에게 물린 왼팔은 제대로 사용할 수도 없었습니다.

그러나 강단에 선 그의 모습은 전혀 달랐습니다. 그는 감사와 기쁨으로 힘 있게 연설했습니다.

사랑하는 여러분! 감사합니다.

사람들은 제가 아프리카에서 지낸 세월을 희생이라고 말하는데 그것은 잘못 알고 있는 것입니다. 저는 다만 도저히 갚을 수 없는 하나님의 사랑의 빚을 그저 조금이나마 갚으려 한 것뿐입니다.

게다가 미력하나마 하나님의 일을 할 수 있다는 것, 저들에게 무언가 조금이라도 도움이 될 수 있다는 것, 이것이 얼마나 감사하고 기쁜 일입니까?

얼마나 영광스러운 일입니까?

그런데 어찌 희생이라 하겠습니까?

여러분!

제가 맹수와 질병과 혹독한 기후와 야만인 가운데서 지금까지 지내올 수 있었던 것은 주님께 대한 믿음 때문이었습니다. 주님의 말씀 때문입니다.

"볼지어다 내가 세상 끝날까지 너희와 항상 함께 있으리라"(마 28:20).

"나는 부활이요 생명이니 나를 믿는 자는 죽어도 살겠고 무릇 살아서 나를 믿는 자는 영원히 죽지 아니 하리라"(요 11:25-26).

나는 이 말씀을 생각할 때 그저 감사할 뿐입니다. 힘과 위로와 소망과 기쁨이 넘쳤습니다.

나는 다시 아프리카로 갈 것입니다. 거기가 내 삶의 자리이고 거기에 내 인생의 보람과 기쁨이 있기 때문입니다.

이렇게 말하고 그는 다시 아프리카로 돌아가서 헌신하다가 60세에 아프리카의 한 오지의 자신의 방에서 기도하다가 천국에 가셨습니다.

사랑하는 성도 여러분!

이 분은 어떻게 그렇게 열악한 환경 속에서도 기쁨과 보람과 소망 가운데 살 수 있었을까요?

그가 고백한 대로 부활의 주님을 믿고 부활의 소망을 갖고 살았기 때문입니다. 주님 앞에 설 날에 대한 소망으로 모든 어려움과 고난 중에도 참고 감사하며 사역을 감당했던 것입니다.

이 세상의 삶이 전부인 것처럼 사는 사람은 부활의 소망이 없는 사람입니다. 부활의 소망을 갖고 사는 사람은 이 땅에서의 삶을 외국인과 나그네로 살아간다고 성경을 말하고 있습니다. 히브리서 11:13을 봅니다.

> 이 사람들은 다 믿음을 따라 죽었으며 약속을 받지 못하였으되 그것들을 멀리서 보고 환영하며 또 땅에서는 외국인과 나그네임을 증언하였으니 (히 11:13).

그렇습니다. 부활의 소망을 바라보며 사는 사람은 이 땅에서의 삶은 잠시 스쳐 지나가는 삶으로 영원한 삶이 아닌 잠깐 머물다가 가는 나그네의 삶으로 이해하며 오직 천국을 바라보며 부활의 소망을 갖고 살아갑니다. 바울 사도는 부활의 소망을 갖고 일생을 살았던 사람입니다.

> 전제와 같이 내가 벌써 부어지고 나의 떠날 시각이 가까웠도다 나는 선한 싸움을 싸우고 나의 달려갈 길을 마치고 믿음을 지켰으니 이제 후로는 나를 위하여 의의 면류관이 예비되었으므로 주 곧 의로우신 재판장이 그 날에 내게 주실 것이며 내게만 아니라 주의 나타나심을 사모하는 모든 자에게도니라(딤후 4:6-8).

여기서 '전제'라는 것은 제사에 부어지는 술을 의미합니다. 즉 바울 사도가 자신의 생을 하나님께 제물로 다 올려드리고 죽을 날이 가까이 왔음을 느끼며 하는 말입니다. 바울 사도는 예수님을 만나 변화 받은 이후로 일생을 하나님께 드린 사람입니다.

자신의 목숨도 아끼지 않았고 복음을 전함에 있어서 수많은 역경과 고난을 겪었던 사람입니다. 죽을 고비도 수없이 지나왔던 사람입니다. 그런 자신의 삶 속에서 바울 사도는 믿음을 지켰다고 말하고 있습니다. 선한 싸움을 싸운 후 우리 주님께서 주시는 의의 면류관을 바라보고 이겨낸 것입니다.

초대교회에 스데반 집사님이 계셨습니다. 그도 역시 예수님을 믿는다는 이유로 죽음을 맞이하게 되었습니다. 그러나 죽음, 그것이 스데반 집사님의 믿음을 꺾지 못했습니다. 돌이 날아오는 현장에서 스데반 집사님은 오히려 기도하며 담대하게 죽음을 맞이했습니다.

그가 그렇게 할 수 있었던 힘이 어디서 왔습니까?

> 말하되 보라 하늘이 열리고 인자가 하나님 우편에 서신 것을 보노라(행 7:56).

부활하신 주님을 바라보았기 때문입니다. 부활의 소망을 갖고 사는 자는 이 세상이 주는 고난 혹은 유혹에 흔들리지 않습니다. 따라서 세상이 감당할 수 없습니다.

둘째, 목숨을 주를 위하여 바치는 자는 세상이 감당할 수 없습니다.

죽기를 각오하고 싸우는 사람은 당해낼 사람이 없다

는 말이 있습니다.

어떻게 우리 믿음의 선조들이 세상이 감당하지 못하는 사람이 되었을까요?

우리 믿음의 선조들이 받은 고난을 보여주는 내용이 36-37절에 있습니다.

> 어떤 이들은 조롱과 채찍질뿐 아니라 결박과 옥에 갇히는 시련도 받았으며 돌로 치는 것과 톱으로 켜는 것과 시험과 칼로 죽임을 당하고 양과 염소의 가죽을 입고 유리하여 궁핍과 환난과 학대를 받았으니(히 11:36-37).

이런 고난과 환난 중에도 신앙의 지조를 지킬 수 있었던 것은 죽음을 각오했기 때문입니다.

시리아 안디옥의 3번째 감독인 이그나티우스라는 감독이 있었습니다. 전해오는 말에 의하면 마태복음 18:4에 예수님께서 팔에 안으시고 "누구든지 이 어린 아이와 같이 자기를 낮추는 사람이 천국에서 큰 자니라"고 하신 그 어린이가 바로 이그나티우스라는 말이 있기도 합니다.

안디옥은 당시 로마 제국에서 세 번째로 큰 도시였습니다. 예수를 메시아로 믿는 신자들이 최초로 크리스티아노이 즉 '그리스도인'이라고 불린 것은 이 세계적인 도시 안디옥에서였습니다. 그리고 크리스티아니스모스 즉 '기독교'라는 말을 처음 사용한 사람이 바로 이그나티우스였습니다.

그는 트라얀 황제(98-117)의 재위기간에 체포되었습니다. 열 명의 군인들에 의해 체포되어 로마로 압송되었습니다. 로마로 이송되어 가는 중 그는 많은 서신을 써서 보냈습니다. 에베소인들에게, 로마인들에게, 빌라델비아인들에게, 서머나인들에게, 폴리갑 감독에게, 마그네시아인들에게, 트랄레스인들에게 일곱 개의 서신을 보냈습니다. 이그나티우스가 보낸 서신들에서 특히 강조되고 있는 것은 순교에 대한 예찬입니다.

그는 로마인들에게 자신의 순교를 막지 말아 달라고 간청을 하였습니다.

> 나로 하여금 맹수들의 밥이 되도록 상관 말고 놓아두라 맹수들을 통해 내가 하나님께 나아갈 수 있으리라 나는 하나님의 밀이다. 내가 야수들의 이빨에 갈려 그리스도의 순결한 떡으로 나타나리라.

이그나티우스에게 순교는 '진정한 제자', '진정한 그리스도인'이되는 유일한 길이었습니다. 서머나에 보내는 편지에서 이그나티우스는 쓰고 있습니다.

> 나는 순교가 얼마나 큰 유익을 주는지 알고 있노라. 이제야 나는 제자로서의 첫걸음을 시작하게 되었다. 그리스도를 얻을 수만 있다면 눈에 보이는 것이나 보이지 않는 것이나 그 어느 것도 나의 야망을 자극하지 못한다. 내가 오직 예수 그리스도를 얻게만 된다면 화형이나 십자가나 사나운 짐승의 공격이나 또는 내 뼈를 찢고 사지를 부러뜨리며 온몸에 멍이 들도록 매를 맞는 등 그 어떤 마귀의 괴롭힘도 참고 견디겠노라.

결국, 그는 108년 순교의 잔을 마시게 되었습니다.

주님을 따름에 있어서 죽기를 각오하고 따른다면 우리의 앞날이 오히려 평안합니다. 길이 열립니다. 어영부영하고 갈피를 못 잡고 좌우로 흔들리는 신앙에는 오히려 여러 가지 세상의 유혹이 따라오고 도전이 옵니다.

순교적 각오로 생활하고 신앙생활 하시기 바랍니다. 우리가 살아가면서 성경의 선조들이나 우리나라의 신앙의 선배들이 순교를 각오하고 신앙생활했던 그런 시대가 우리에게 오지 않을 수도 있습니다. 그러나 삶의 현장에서 순교적인 자세로 살아가자는 것입니다. 죽으면 죽으리라고 말씀을 따라가야 합니다.

셋째, 세상과 타협하지 않는 자는 세상이 감당할 수 없습니다.

> 이런 사람은 세상이 감당하지 못하느니라(히 11:38).

35절의 끝에 보시면 고문이 있을 때에 구차히 풀려나기를 원하지 않았다고 했습니다. 참 멋진 말이라고 생각합니다.

당당함이 전달되지 않습니까?

우리 신앙의 선배들의 담대함, 구질구질하게 살지 않겠다는 말이지요.

주기철 목사님의 일대기를 다룬 영화 "일사각오"를 보면 주 목사님의 신앙 절개를 볼 수 있지 않습니까!

주기철 목사님의 마지막 설교에 나타난 다섯 가지 각오를 보면 주 목사님이 주님을 얼마나 사랑했는지, 주님께 대한 신앙의 절개를 얼마나 소중히 생각했는지를 알 수 있습니다.

죽음의 권세를 이기게 하옵소서.

장기간의 고난을 견디게 하여 주옵소서.

노모와 처자와 교우를 주님께 부탁합니다.

의에 살고 의에 죽게 하여 주시옵소서.

내 영혼을 주님께 부탁합니다.

온갖 회유 그리고 모진 고문 중에서도 절대로 신앙의 지조를 꺾지 않는 모습, 사랑하는 여러분, 우리는 살아가면서 신앙의 지조를 지켜나가야 합니다.

우리가 사는 사회 속에서도 지조는 중요합니다. 남편이 아내에 대한 지조를 지켜야 합니다. 아내는 남편에 대한 지조를 지켜야 합니다. 이 지조가 무너지면 가정이 파괴됩니다. 우리가 주님께 대한 신앙의 지조를 지킬 때 우리가 하나님의 자녀라 할 수 있는 것입니다.

세상이 감당하지 못하는 사람은 지조 있는 신앙인입니다. 마태복음 5:13에 "너희는 세상의 소금이니 소금이 만일 그 맛을 잃으면 무엇으로 짜게 하리요 후에는 아무 쓸 데 없어 다만 밖에 버려져 사람에게 밟힐 뿐이니라"고 했습니다. 우리가 우리의 정체성을 잃어버리고 지조를 버리고 세상과 타협하면 잘되는 것이 아니라 오히려 세상 사람들의 비웃음거리밖에 안 된다는 것을 기억해야 합니다.

제가 존경받을 수 있는 길이 무엇입니까?

저는 목사로서의 길을 걸어가고 목사로서의 일을 할 때 존경을 받을 수 있듯이 성도들이 자기의 정체성을 지키며 살아갈 때, 신앙의 지조를 지키며 살아갈 때 세상 사람들이 우리를 함부로 대하지 못하는 것이고 우리를 결국은 존경하게 되는 것입니다.

저는 우리 교회 장로님을 존경합니다. 장로님은 사회에서는 대그룹의 임원까지 오르신 분입니다. 세상에서 흔히 말하는 금수저가 아니라 흙수저에서 임원까지 오르신 분입니다.

교회에서는 목사가 하고자 하는 일에 한 번도 "아니요" 하신 일이 없는 순종하는 장로님이시고, 모든 교인을 살뜰히 살피시는 분이시고, 온 성도들이 정말 존경하는 분입니다. 저도 장로님의 신앙의 인격 앞에 부끄러울 때가 많습니다. 더욱이 제가 존경하는 것은 복잡한 사회생활을 하면서 그리고 많은 사람을 만나면서도 지금까지 술 한 모금 입에 대지 않았다는 것입니다. 말이 쉽지요. 그게 쉬운 일이 아닙니다.

장로님은 업무상 해외 출장이 많으십니다. 그런데 한 번은 몇 개국을 거쳐서 출장을 가실 일이 있었습니다. 2주 정도 여정이었습니다. 어쩔 수 없이 주일을 한 번은 참석 못 하시겠다고 생각했는데 주일에 오신 것입니다. 어떻게 오셨냐고 물었더니 주일 지키고 다시 밤 비행기로 또 나가신다는 것입니다.

이런 장로님을 하나님께서 사랑하지 않으시겠습니까?

이런 장로님을 세상이 감당하지 못하는 사람이라고 할 수 있는 것입니다. 절대로 세상과 타협하지 않겠다는 각오로 신앙인의 모습을 지켜나가고 있는 것입니다.

돈 때문에 신앙의 인격을 팔아버리고, 출세 때문에 신앙인으로서 뇌물 바치고, 대학 입시 준비로 주일을 범하는 것은 세상과 타협하는 것입니다.

사랑하는 성도 여러분!

우리는 세상 사람들이 감당하지 못하는 사람들이 되어야 합니다. 우리를 우습게 여기면 우리의 대장 되신 예수 그리스도까지도 우습게 된다는 것을 기억하시고 부활의 소망을 갖고 목숨을 주를 위해 바치겠다는 순교적 각오로 생활하시고 절대로 세상과 타협하지 않고 살아서 세상이 감당 못 하는 성도들이 되시기를 예수님의 이름으로 축원합니다.

11
평범에서 비범으로

서머나 교회의 사자에게 편지하라 처음이며 마지막이요 죽었다가 살아나신 이가 이르시되 내가 네 환난과 궁핍을 알거니와 실상은 네가 부요한 자니라 자칭 유대인이라 하는 자들의 비방도 알거니와 실상은 유대인이 아니요 사탄의 회당이라 너는 장차 받을 고난을 두려워하지 말라 볼지어다 마귀가 장차 너희 가운데에서 몇 사람을 옥에 던져 시험을 받게 하리니 너희가 십 일 동안 환난을 받으리라 네가 죽도록 충성하라 그리하면 내가 생명의 관을 네게 주리라 귀 있는 자는 성령이 교회들에게 하시는 말씀을 들을지어다 이기는 자는 둘째 사망의 해를 받지 아니하리라 (계 2:8-11).

우리가 믿음의 영웅이라 하면 아브라함, 다윗, 히스기야, 솔로몬처럼 구약의 위대한 인물들을 생각합니다. 또 바울 사도나 베드로 사도와 같은 분들을 믿음의 영웅이라고 생각합니다. 그러나 저는 평신도들인데 믿음의 영웅처럼 쓰임받은 사람들을 소개하기를 원합니다. 아브라함과 모세 이런 분들만 영웅이 아니고 평범한 생활 속에서 비범한 인물로 쓰임받은 사람들이야말로 신앙의 영웅들이 아닌가 생각합니다.

여러분들과 똑같은 평신도의 입장에서 신앙의 절개를 지켜나갔던 분들 말입니다. 그분들은 바로 서머나 교회 성도님들입니다. 서머나교회에 대해서 연구하며 말씀을 준비하던 중 신대원에 다니던 시절에 요한계시록을 가르쳐 주셨던 교수님의 강의안을 다시 보면서 "야! 정말 이분들이야말로 믿음의 영웅들이구나" 하며 감탄하게 되었습니다. 그래서 제가 배운 대로 이 본문을 해석하면서 오늘 서머나교회 성도님들의 신앙의 절개에 대해 말씀을 함께 나누기를 원합니다.

서머나교회에 대해서 먼저 소개를 하면 에베소, 서머나, 버가모, 두아디라, 사데, 라오디게아, 빌라델비아 지역은 소아시아 일곱 교회가 있었던 지역입니다. 지금의 터키에 해당하는 지역으로 일곱 교회는 그리

멀리 떨어져 있지 않았습니다.

특별히 우리 주님께서 밧모 섬에 유배되어 있는 사도 요한에게 말씀하신 두 번째 교회가 이 서머나교회인데 에베소교회에서 북쪽으로 48km 떨어진 지점에 위치한 곳이 이 서머나입니다. 서머나는 특이한 점이 있는데 예수님이 오시기 전 그러니까 B.C. 6세기 초에 완전히 파괴되었다가 B.C. 3세기에 루시마쿠스라는 사람에 의해서 재건이 되었습니다.

현재는 이즈미르라는 이름의 터키 제3의 항구 도시로 남아있습니다. 서머나라는 도시는 로마의 속국이었고 로마에 아주 충성했던 도시로 유명했습니다. 그래서 로마인들은 서머나시를 로마의 동맹 중의 동맹이라고 생각했습니다.

그러던 서머나에 교회가 세워지게 된 것입니다. 바울 사도가 에베소 지역의 두란노 서원에서 2년 반 동안 하나님의 말씀을 가르친 적이 있었는데 그 당시 아시아의 주변 나라 사람들, 주변 도시의 사람들이 에베소에 와서 복음을 영접하게 되었습니다.

사도행전 19:10에 보시면 아시아에 있는 온 무리들이 와서 하나님의 말씀을 들었다고 표현하고 있습니다. 이런 면에서 봤을 때 아마도 서머나에서도 에베소에

와서 바울 사도에게 복음을 듣고 은혜받은 사람들이 서머나에 다시 돌아가서 교회를 세우지 않았을까 하는 생각을 갖게 되는 것입니다. 이런 서머나교회에 주님께서는 먼저 자신을 소개하고 있습니다.

서머나 교인들에게 말씀하신 주님의 모습은 "처음이며 마지막이요 죽었다가 살아나신 이"라고 표현하고 있습니다. 처음이요 마지막이라는 것은 시공을 초월하는 영원한 주권자 되시는 주님을 말합니다. 너에게 말하고 있는 이 당사자는 시공을 초월하는 영원한 주권자가 되신다는 의미가 담겨 있습니다. 그리고 죽었다가 살아나신 이라는 것은 서머나교회 성도님들의 이해를 돕기 위해서 부활에 초점을 맞춘 것입니다.

서머나가 말씀드린 대로 B.C. 6세기에 완전히 무너졌다가 B.C. 3세기에 루시마쿠스에 의해 재건이 되었는데 서머나 교인들도 그 도시의 역사에 대해서 알고 있었습니다. 다시 말해 도시가 죽었다가 부활했다는 얘기지요.

그래서 예수님께서 "나는 죽었다가 살아난 이다"라고 말씀하신 것을 서머나교회 성도님들이 이해하기 굉장히 쉬웠습니다. 죽음을 이기고 부활하신, 사망을 정복하고 영원히 살아계시는 주권자가 되시는 그 주님이 서머나 교인들에게 말하고 있다는 것입니다.

먼저 예수님께서는 서머나 교인들의 상태를 진단하셨습니다. 그 진단은 바로 칭찬이었습니다. 빨리 만나서 격려해주고 칭찬해주고 싶은 그런 교회의 성도가 바로 서머나 교회 성도님들이었습니다. 그래서 먼저 서머나교회 성도님들을 칭찬하셨습니다.

그런데 칭찬하신 이유가 무엇일까요?

오늘 말씀에 보시면 서머나교회 상태를 예수님께서 진단하시는데 '내가 네 환난과 궁핍을 안다'고 말하고 있습니다. 여러분, 서머나는 항구 도시로 무역이 상당히 발달된 도시고 번창한 도시입니다. 그러나 이 번창한 도시에 사는 교인들은 궁핍했습니다.

서머나시는 무역업으로 인해 부유한데 왜 성도들은 가난했을까요?

그 이유가 무엇일까요?

9절에 보시면 "내가 네 환난과 궁핍을 알거니와"라고 말씀하고 있습니다.

궁핍이라는 말 앞에 어떤 말이 나왔나요?

환난. 왜 서머나 시 교인들이 가난하고 왜 서머나교회 성도님들이 궁핍했나요?

바로 환난 때문입니다. 환난이 있었기 때문에 궁핍

하게 되었다는 말입니다.

그럼 그 환난이 어떤 환난이었나요?

오늘 말씀 9절에 보시면 이렇게 말하고 있습니다.

> 내가 네 환난과 궁핍을 알거니와
>
> 실상은 네가 부요한 자니라
>
> 자칭 유대인이라 하는 자들의 비방도 알거니와
>
> 실상은 유대인이 아니요 사탄의 회당이라 (계 2:9).

유대인이라 하는 자들의 비방. 비방이 뭡니까?

참소하는 것입니다. 사탄은 참소학의 전공자입니다. 요한복음 8:44에 보시면 사탄은 거짓의 아비라는 말이 있습니다. 거짓말을 퍼뜨려서 신자들을 참소한다는 것입니다.

앞서 말했듯이 서머나시가 로마의 동맹 중의 동맹이라 하지 않았습니까?

그러니까 유대인들이 거짓말을 막 퍼뜨립니다. 서머나시, 특별히 서머나에 있는 교인들이 로마를 적대시하고 있다는 거짓말을 퍼뜨렸습니다. 참소하고 비방하는 것이지요. 로마를 적대시하고 나중에는 로마를 향해 칼을 들이댈 것이라고, 로마와 절대 맞지 않는 족속들이라고 거짓말을 퍼뜨리고 다녔습니다.

그래서 서머나 교인들이 로마인들이나 주변의 유대인들에게 환난을 겪게 된 것입니다. 기독교는 로마의 적이라고 했을 것입니다. 그래서 교회 다니는 사람들하고는 장사도 안 하려고 하고, 어울리지도 않으려고 하고, 교제도 안 하게 되었습니다.

그 결과 어떻게 됩니까?

히브리서 10:34을 한번 보실까요?

> 너희가 갇힌 자를 동정하고
> 너희 소유를 빼앗기는 것도 기쁘게 당한 것은
> 더 낫고 영구한 소유가 있는 줄 앎이라(히 10:34).

너희 산업과 모든 것을 빼앗긴다는 것입니다. 기독교가 로마의 적이라는 참소와 비방을 통해서 사람들이 서머나교회 성도님들과 교제하지 않고, 같이 장사도 하지 않고, 결국에는 그들의 물건과 산업을 강탈했다는 것입니다. 그래서 서머나교회 성도님들이 환난을 겪게 되었고 그로 인해서 궁핍하게 되었습니다.

이 얼마나 심각한 환난입니까?

본인들의 죄로 인한 환난과 궁핍과 고난이라면 당연

하게 받아들일 수 있지만, 본인들이 잘못한 게 없잖아요. 그냥 예수님을 잘 믿은 것뿐이잖아요. 예수님께서 서머나교회 성도님들을 보시고 너무 안타까워하시고 그래서 칭찬하고 싶으셨던 것입니다. 그래서 우리 주님께서 뭐라고 하셨나요?

> 네 환난과 궁핍을 알거니와 실상은 네가 부요한 자니라 (계 2:9).

실상은 네가 부자라는 것입니다. 우리 예수님께서는 절대로 겉모습을 보지 않습니다. 너희가 환난과 궁핍을 당할지라도, 그래서 너희 산업을 빼앗기고 수입을 빼앗기고 재물을 다 빼앗겨서 가난하다 할지라도 말입니다. 여기서 궁핍이라는 것을 원어에 가서 보면 쌀뒤주에서 국자로 쌀을 푸는데 쌀 한 톨이 없어서 북북 소리를 내면서 긁을 정도라는 뜻입니다. 쌀통에 쌀이 한 톨도 없을 정도로 가난하게 되었다는 것입니다.

그런데 예수님께서는 이런 서머나교회 성도님들을 향해서 실상은 너희가 부요한 자라고 말하고 있습니다. 하나님의 일에 부요하고 선한 일에 부요하면 우리 주님이 보실 때 그 사람은 부요한 자가 되는 것입니다.

아무리 겉모습이 화려해도 속 알맹이가 없고 그 안에 주님을 향한 뜨거운 열정이 없으면 주님이 보실 때는 가난한 자인 것입니다.

여러분! 라오디게아 교회가 그렇지 않았습니까?

라오디게아 교회는 어떤 비판과 책망을 들었습니까?

칭찬은 한마디도 못 들었습니다. 서머나교회는 칭찬만 들었는데 라오디게아교회와 성도님들은 칭찬 한마디도 못 들었습니다.

왜 그렇습니까?

신앙생활 자체가 주님이 보실 때 역겹다는 것입니다. 뜨겁든지 차갑든지 해야 되는데 뜨거운 것도 아니고 차가운 것도 아니고 이건 교회 다니는 성도도 아니고 도대체 감이 안 온다는 말입니다. 히에라볼리와 라오디게아 그리고 밑에 골로새가 있는데 이곳이 내리막길입니다. 히에라볼리는 온천수가 나오고 라오디게아가 중간 지대인데 중간 지대에 오면 뜨거웠던 온천수가 미지근해집니다. 그리고 골로새쯤 가면 차가워집니다.

그래서 예수님께서는 너희의 신앙이 너희가 살고 있는 지형과 똑같다고 말씀하셨습니다. 너희의 신앙이 뜨겁지도 않고 차갑지도 않고 예수를 믿는 것도 아니고 안 믿는 것도 아니라는 것입니다.

그런데 라오디게아 성도님들은 어떻게 생각했습니까?

우리는 부요한 자라고 생각했습니다.

왜 그렇게 생각했나요?

실제로 라오디게아가 금융업과 직물업이 발달한 지역이라 돈이 많고 옷이 풍부했습니다. 거기다가 안과 대학이 있었습니다. 이 세 가지가 있으니까 라오디게아 시민들이나 라오디게아교회 교인들이 자기들이 가난하고 헐벗고 굶주리고 벌거벗은 것을 깨닫지 못했습니다. 그런데 주님의 시각으로 봤을 때 너희가 가난하고 벌거벗었고 눈이 멀었다는 것입니다. 그러니까 겉모습만 부요할 뿐 실상은 가난하다는 것입니다.

성도 여러분!

우리의 신앙도 주님이 보실 때 그렇게 보일 수 있습니다. 겉만 화려하고 무늬만 화려하지 속 알맹이가 없습니다. 사회에 나가면 저 사람이 목사인지 장로인지 권사인지 집사인지 아무도 분간을 못 하는 것입니다.

그럼 주님이 보시고 "네가 실상은 가난한 자다"라고 하시지 않겠습니까?

폼만 잡고 있고 무늬만 갖고 있다는 것입니다. 서머나교회 성도님들을 보면서 예수님께서는 너무 안타까워하면서 "너희는 정말로 부요한 자야"라고 칭찬하고 싶어 하셨습니다.

사랑하는 성도 여러분!

여러분께도 이런 주님의 칭찬이 있기를 예수님의 이름으로 축복합니다.

"너희는 진짜 부요한 자야"라는 주님의 칭찬을 들으면 우리는 무엇을 기대하게 될까요?

예수님께서 "그만 이제 됐다. 내가 너희 고난을 해결해줄게. 너희 적수들을 다 물리쳐줄게" 이렇게 말씀하시면 마음이 좀 편한데 주님은 그렇게 말씀하지 않으셨습니다. 주님은 현재 고난을 당하고 있는 서머나교회 성도님들에게 미래의 고난을 예언합니다. 현재도 고난을 당하고 있는데 미래의 고난을 또 예언하셨습니다.

오늘 말씀 10절에 "너는 장차 받을 고난을"이란 말이 나옵니다. 지금 현재 고난을 당하고 있는데 또 고난이 있다는 것입니다. 미래의 고난을 각오하라고 주님께서는 지금 말씀하고 계신 것입니다.

사랑하는 성도 여러분!

우리가 이것을 통해 무엇을 깨닫게 됩니까?

예수를 믿으면 고난이 함께 온다는 것입니다. 이것을 각오하셔야 합니다. 예수를 믿는 것 자체는 영원한 길로 가는 기쁨의 길이고 영광된 길임에 틀림이 없지만, 우리가 하나님 나라 갈 때까지는 이 땅에서 고난의 과정을 겪을 수도 있다는 것입니다.

사도행전 20:22-24을 보실까요?

이 말씀의 배경은 우리가 잘 알듯이 바울 사도가 예루살렘에 올라가는 막중한 사명을 갖고 밀레도라는 곳에서 에베소교회 장로님들을 청하게 된 것입니다. 에베소교회 장로님들에게 이제 예루살렘으로 올라간다고 말하자 에베소교회 장로님들이 바울 사도에게 올라가지 말라고, 올라가면 죽게 된다고 말렸습니다. 그때 바울 사도가 에베소교회 장로님들에게 이렇게 말했습니다.

> 보라 이제 나는 성령에 매여 예루살렘으로 가는데
> 거기서 무슨 일을 당하는지 알지 못하노라
> 오직 성령이 각 성에서 내게 증언하여
> 결박과 환난이 나를 기다린다 하시나
> 내가 달려갈 길과 주 예수께 받은 사명
> 곧 하나님의 은혜의 복음을 증언하는 일을 마치려 함에는 나의 생명조차 조금도 귀한 것으로 여기지 아니하노라(행 20:22-24).

그러니까 바울 사도가 가는 길에 결박과 환난이 있다는 것을 바울 자신도 알고 있다는 것입니다.

여러분! 우리가 신앙생활 하는 데도 환난과 고통이 있습니다. 주의 일을 감당할 때에 기쁨으로 감당하지만, 우리가 실제로 주님의 일을 감당할 때에 환난과 고통이 있고 하나님의 자녀로서 세상을 살아가는 데도 환난과 고통이 우리를 기다릴 수가 있습니다. 신앙생활 하는데 고난이 없고 환난이 없다고 생각하면 실제로 환난이 왔을 때 그냥 쓰러져 버립니다. 그래서 우리가 고난에 단련이 되어야 합니다.

"고난을 없애주옵소서."

이게 아닙니다.

"하나님, 하나님의 자녀로서 세상을 살아가는 데 닥쳐오는 고난이 있다면, 주여, 이기게 하시옵소서. 믿음 가지고 승리케 하시옵소서."

이런 자세가 중요합니다.

그런데 여러분, 꼭 기억해야 할 것이 있습니다.

고난이 과연 계속될 것인가?

여러분이 현재 당하고 있는 고난이 있습니까?

앞으로도 고난이 계속될 것 같습니까?

영원히 계속될까요?

여러분 그건 아닙니다. 오늘 본문 10절을 보겠습니다.

> 너는 장차 받을 고난을 두려워하지 말라
> 볼지어다 마귀가 장차 너희 가운데에서
> 몇 사람을 옥에 던져 시험을 받게 하리니
> 너희가 십일 동안 환난을 받으리라(계 2:10).

여기서 옥이라는 것은 어떤 고통의 상징적 표현, 그러니까 처형당하기 전의 심각한 고통을 상징하는 것이라고 볼 수 있습니다. 서머나교회 성도님들이 지금 당하는 고난은 처형당하기 전에 받는 고문, 아주 처절한 고통을 말합니다. 한마디로 앞으로 너희 중 몇 사람을 처형하겠다, 고통스럽게 하다가 죽일 것이라는 의미입니다. 여기서 우리가 기억해야 할 것이 그 고난의 시간이 한정적, 한시적이라는 것입니다.

왜 주님께서 십일이라고 숫자를 명시하셨겠습니까?

그것은 우리가 아는 열흘이란 기간이 아니고 상징적 의미로 고통의 한시적 기간을 표현한 것입니다. 계속되지 않는다는 뜻으로 말씀하시면서 서머나교회 성도님들을 예수님께서는 지금 위로하고 계시는 것입니다.

그리고 여기서 주목해 봐야 할 것은 너희에게 처참

한 고통을 안겨 주는 그 출처, 과연 이 고통이 누구로부터 오는가?

마귀입니다. 마귀가 너희들을 처참하고 고통스럽게 한다고 했습니다. 한마디로 마지막 순간에 영적 싸움을 해야 한다는 얘기입니다. 그러니까 우리가 싸울 대상은 혈과 육에 해당하는 것이 아니라 바로 보이지 않는 영적 권세, 마귀와의 싸움이라는 말입니다. 마귀가 너희를 옥에 가두고 너희에게 환난을 주고 고난을 준다는 것입니다. 출처가 바로 마귀입니다.

사랑하는 성도 여러분!

우리가 종말의 시대를 살아가면서 영적 전쟁에 대해서 항상 심각하게 생각하며 살아야 합니다. 지금 이 시대를 사람들은 종말의 시대(Terminal Age)라고 합니다. 이 시대에 우리는 영적 전쟁을 생각해야 합니다. 마귀가 어떤 모양으로 우리에게 도전하는지를 생각하면서 신앙생활을 하셔야 한다는 말입니다. 환난을 통해서 도전할 수도 있고 양의 탈을 쓰고 다가오는 이리처럼 적그리스도를 통해서 우리에게 도전할 수도 있습니다.

이 당시에 유대인들이 마귀의 앞잡이가 되어서 서머나교회 성도님들을 핍박한 것입니다. 우리에게 다가오는 여러 가지 영적 전쟁들을 믿음으로 극복하고 승리할 수 있는 그런 영안과 강한 믿음을 주님께 간구하면서 이겨 나가시는 성도님들이 되셔야 할 것입니다.

미래의 고난을 예언하신 주님께서 이제 서머나교회 성도님들에게 대비책을 주시는데 그 대비책이라는 것이 쉽게 말해서 계속 견디라는 것입니다. 이것을 구체적으로 살펴보면 두 가지가 있습니다.

첫째, 두려워하지 말라는 것입니다.

"네가 장차 받을 고난을 두려워하지 말라."

사랑하는 성도 여러분!

여러분께서 당하는 여러 가지 환난과 고난이 있다면 절대로 두려워하지 마시기를 예수님의 이름으로 축복합니다.

시편 27:1에도 이런 말씀이 있습니다.

> 여호와는 나의 빛이요 나의 구원이시니
>
> 내가 누구를 두려워하리요
>
> 여호와는 내 생명의 능력이시니
>
> 내가 누구를 무서워하리요(시 27:1).

사랑하는 성도 여러분!

두려워하지 마십시오. 여호와 하나님께서는 언제나 여러분과 함께하시고 여호와 전능하신 내 하나님 아버지께서 여러분을 언제나 지켜 주십니다. 이사야 41:10에서 하나님께서 말씀하십니다.

> 두려워하지 말라 내가 너와 함께 함이라 놀라지 말라 나는 네 하나님이 됨이라 내가 너를 굳세게 하리라 참으로 너를 도와주리라 참으로 나의 의로운 오른손으로 너를 붙들리라(사 41:10).

사랑하는 성도 여러분!

전능하신 하나님께서 여러분과 함께하십니다. 두려워하지 말라는 것이 저의 말이라면 여러분에게 아무런 효과가 없습니다. 그러나 전능하신 하나님께서 여러분에게 두려워하지 말라고 말씀하십니다. 그러니 여러분, 두려워할 이유가 전혀 없습니다.

두려워할 요소들은 세상에 많습니다. 그러나 그 순간에도 두려워하지 마십시오. 무서워하지 마십시오. 전능하신 하나님께서 길을 내실 것이고 전능하신 하나님께서 방법을 찾으실 것이고 전능하신 하나님께서 전력으로 우리를 승리의 길로 인도하실 줄 믿으시기 바랍니다.

둘째, 죽도록 충성하라는 것입니다.

대비책을 세워주시려면 "여리고성을 무너뜨리듯이 너희가 항아리를 들고 횃불을 들고 하루에 한 바퀴씩 돌아라" 이런 전략이라도 주셔야 되는데 주님께서는 죽도록 충성하라는 것을 대비책으로 주셨습니다.

서머나교회 성도님들에게 요구된 것은 죽도록 충성하는 것입니다. 그런데 여러분, 오늘날의 모든 성도에게도 우리 주님께서는 똑같이 요구하십니다.

'충성' 하면 고려 말기의 문신 정몽주가 생각납니다. 당시 조선 3대 태종이 된 이방원이 고려를 무너뜨리고 새로운 왕조를 세우는 일에 정몽주가 가담할 뜻이 있는지를 알아보기 위해 '하여가'를 지어 그의 마음을 떠보았지요. 그에 대한 정몽주의 답이 이것입니다.

> 이 몸이 죽고 죽어 일백 번 고쳐 죽어 백골이 진토되어 넋이라도 있고 없고 님을 향한 일편단심이야 가실 줄이 있으랴.

성도 여러분!

충성이라는 것은 바로 이런 것입니다. 충성은 신의를 지키는 것입니다. 하나님과 신의를 지켜 나가는 것입니다. 이게 믿음이고 충성입니다. 충성은 주님과 신앙에 대한 절개를 고난 앞에서도 결코 굽히지 않는 것입니다.

이 충성에 대해서 서머나교회 성도들에게 말씀하신 것이 A.D. 95년쯤인데 60년 후에 서머나교회 감독이었던 폴리갑이 실제로 주님에 대한 충성의 증거가 되었습니다. 이미 11명이 야수의 밥이 되어 순교한 가운데 폴리갑이 하나님 앞에 기도하고 있었습니다. 기도하던 중에 체포된 폴리갑은 원형 극장으로 끌려갔습니다. 네가 예수를 부인하면 내가 너를 살려주겠다고 회유하자 폴리갑이 말했습니다.

> 나는 86년 동안 주님을 섬겼지만, 주님은 나를 한 번도 부당하게 대우한 적이 없습니다. 그런데 내가 어찌 이 한 목숨 유지하려고 나의 주님을 배반할 수 있겠습니까?

그리고는 오후 2시에 화형장의 이슬로 사라지게 됩니다.

"폴리갑, 남자답게 담대하여라."

이 소리가 하늘로부터 들렸습니다. 원형 극장에 모인 많은 시민이 그 음성을 들었습니다. 하나님께서 폴리갑에게 힘을 주시기 위해 하늘에서 음성을 들려주신 것입니다. 담대하게 죽으라는 것이지요.

이 얼마나 대단합니까?

주님과 신의를 지켜 나가는 것, 이게 바로 충성입니다.

아내나 남편이나 서로에게 지조를 지켜 나가야 하듯이 주님과의 관계에서 우리는 신의를 생명처럼 여겨야 합니다.

지금은 A.D. 95년이 아니고 2018년인데, 오늘날 우리에게 주는 의미는 과연 무엇이겠습니까?

주님에 대한 신앙의 절개를 지키고 있는지, 신앙을 그야말로 헌신짝처럼 팽개치고 있지는 않은지 여러분 스스로에게 한번 질문을 던져 보셔야 합니다.

명예나 권력 때문에, 돈 때문에, 먹고살기 위해서, 직장이나 자녀 때문에 신앙을 접어두고 있지는 않은지 생각해 봐야 합니다. 여러분의 삶의 현장에서 주님과 맺은 신앙의 절개를 지켜야 합니다. 여러분의 삶의 현장에서 하나님의 말씀대로 사는 것, 이것이 바로 신앙의 절개를 지켜나가는 것입니다.

서머나교회 성도가 아니니까 죽도록 충성하라는 것은 나와 상관없는 말씀일까요?

교회에서만 기도하고, 교회에서만 찬양하고, 교회 밖을 나가면 저 사람이 교회 다니는 사람인지 누구도 분간하지 못하는 그런 삶의 자세는 신앙의 절개를 지키는 것이 아닙니다. 교회에서 말씀을 듣는 것은 하나의 강연을 듣는 게 아니라 살아계신 하나님의 말씀을 듣는 것입니다.

그럼 그 말씀을 생활 속에 옮기는 게 중요한 것 아니겠습니까?

듣는 것에서 끝나면 그저 강연에 불과합니다. 생활 가운데에 들어가서 세상 사람들과 구별이 안 되면 그것은 충성을 하는 것도, 신앙의 절개를 지키는 것도 아닙니다.

자기 위치를 지키는 것, 이것이 충성의 또 다른 의미입니다. 충성은 자기 일에 헌신하는 것입니다. 상관이 명령을 내리면 그 자리를 지키고 자기 위치에서 해야 할 일을 하는 것, 그게 바로 충성입니다.

제가 이 부분을 설명할 때 폼페이 최후의 날을 예로 많이 듭니다. 용암이 몰려오는 그 상황 속에서 성곽 앞에 서 있던 보초가 그대로 서서 죽은 장면이나 죽어서 화석이 된 그런 모습들을 볼 수 있습니다. 상관이 여기서 이 성문을 지키라고 하면 용암이 몰려온다 할지라도 그 위치를 사수하는 것, 이게 바로 충성입니다.

하늘이 무너지고 바람이 아무리 세게 불어도 자기 위치를 지키는 것, 자기 위치에서 하나님께서 주신 사명을 감당하는 것이 충성입니다. 하나님께서 여러분들에게 위치를 주셨습니다.

어떤 위치를 주셨습니까?

교회에서 어떤 직분을 맡고 있습니까?

그것이 여러분의 위치라면 그 위치에서 하나님께서 무엇을 요구하시는지 알고 충성을 다하셔야 됩니다.

이렇게 충성한 자에게 오늘 말씀에 보시면 주님께서 보상을 약속해 주셨습니다. 상을 약속해 주셨다는 것입니다. 요한계시록 2:10b-11을 보겠습니다.

> 너희가 십일 동안 환난을 받으리라
> 네가 죽도록 충성하라
> 그리하면 내가 생명의 관을 네게 주리라
> 귀 있는 자는 성령이 교회들에게 하시는 말씀을 들을지어다 이기는 자는 둘째 사망의 해를 받지 아니하리라
> (계 2:10b-11).

두 가지 상을 약속하셨습니다.

첫째, 생명의 관을 주신다는 것입니다.

주님께서는 주변 환경을 항상 이용하여 말씀하셨습니다. 서머나시에는 파고스라는 언덕이 있는데 파고스라는 언덕을 중심으로 장엄한 공공건물들이 즐비하게 늘어서 있었다고 합니다. 그리고 그 밑으로 서머나시가 형성되어 있는데 그 모습이 마치 왕관을 쓴 것 같다고 합니다.

그래서 주님께서는 "이기는 자에게 내가 생명의 관을 주겠다. 죽도록 충성하라"고 말씀하셨습니다. 생명의 관을 주겠다는 것은 보상적 개념이 포함되어 있습니다.

우리가 기억해야 할 것이 있습니다. 주님 앞에 가서 우리 모두는 다 상급을 받습니다. 그런데 죽도록 충성한 자는 일반 사람들보다 더 큰 상급을 받습니다.

사랑하는 성도 여러분!

우리가 하늘나라 가면 상급 차이가 있습니다. 상급에 차이가 없다고 하는 사람들이 많은데, 그렇지 않습니다. 분명히 상급의 차이가 있습니다. 그런데 여기서 주님께서 말씀하시는 것은 죽도록 충성하는 자는 내가 생명의 관을 주겠다, 다른 사람들과 비교할 수 없는 엄청난 상급을 주겠다는 것입니다.

둘째, 이기는 자는 둘째 사망의 해를 면하게 해주겠다는 보상을 약속하셨습니다.

둘째 사망이라는 것이 뭘까요?

한 번 태어난 자는 두 번 죽고, 두 번 태어난 자는 한 번 죽는다는 말이 있습니다.

이걸 한번 해석해볼까요?

한 번 태어났다는 것은 중생을 모르는 자, 거듭남을 모르는 자, 그냥 육신의 어머니로부터 태어난, 자연적 출생으로 태어난 자를 말합니다. 이런 자는 두 번 죽는다는 것입니다. 영과 육이 분리되는 육체적 죽음을 맞이하고 그다음으로 하나님과 분리되는 영적 죽음을 맞이하게 되어서 두 번 죽는다는 것으로 지옥에 간다는 말입니다.

그런데 두 번 태어났다는 것은 어머니의 뱃속에서 한 번 태어나고 예수를 믿음으로 성령의 중생 역사로 거듭난다는 것입니다. 거듭남의 체험, 거듭남의 출생, 'born again,' 다시 태어났다는 것입니다. 이렇게 두 번 태어난 자는 그냥 육체적 죽음만 맞이하고 천국으로

간다는 약속을 해주셨습니다.

사랑하는 성도 여러분!

신앙의 절개가 무너진 시대에 우리가 살고 있습니다. 고등학교를 졸업하고 대학교에 가면 비성경적인 사상가들, 철학자들에 의한 도전들이 학생들을 침입해 들어옵니다. 그래서 대학생들이 교회를 떠나는 확률이 굉장히 높아지고 있습니다.

오늘날의 가장 무서운 종교, 가장 많은 종교가 '종교 없음 종교'라고 합니다. 이런 무신론자들이 40%가 넘는다고 합니다. 종교가 없고 종교를 안 믿는다는 것은 다시 말하면 신앙의 절개가 없어진 시대라는 것이고 신앙의 절개를 지켜야 하는 하나님의 자녀들이 믿음의 절개를 포기한 시대라고 볼 수 있습니다.

사랑하는 성도 여러분!

주님을 믿음으로 당하는 환난이 우리 앞에 놓인다 할지라도 죽도록 충성하시기를 바랍니다. 그리고 아무리 믿음 지켜 나가기가 어려워진 시대라 할지라도 신앙의 절개를 지킴으로 믿는 자의 진면모를 세상에 나타내시기를 예수님의 이름으로 축복합니다.